우리의 하나님 이미지 치유하기

우리의 하나님 이미지 치유하기
Good Goats-Healing our Image of God

초판 발행 : 2007년 3월 20일
지은이 : Denis Linn, Sheila Fabricant Linn and Mattew Linn
옮긴이 : 최승기
발행처 : 도서출판 은성
등록 : 1974년 12월 9일 제9-66호
주소 : 서울 강동구 성내동 538-9
전화 : 02) 477-4404
팩스 : 02) 477-4405

출판 및 판매에 관한 모든 권한은 본 출판사가 소유하고 있습니다. 출판사의 사전 서면 허락없이 상업적인 목적으로 번역, 재제작, 인용, 촬영, 녹음 등을 할 수 없음을 알려드립니다.

Printed in Korea
ISBN 89-7236-345-3 33230

Originally published in English under the title of *Good Goatt* by Dennis Linn, Sheila Fabricant Linn & Matthew Linn.
Published by Paulist press, in U. S. A. in 1994.
All rights to this book, not specially assigned herein, are reserved by the copyrights owner.
All non-English rights are contracted exclusively through Paulist Press.

http://EunsungPub.co.kr
e-mail: esp4404@hotmail.com

by
Dennis Linn, Sheila Fabricant Linn and Matthew Linn

우리의 하나님 이미지 치유하기

데니스 린, 쉴라 페브리컨트 린, 매튜 린 공저

최승기 번역

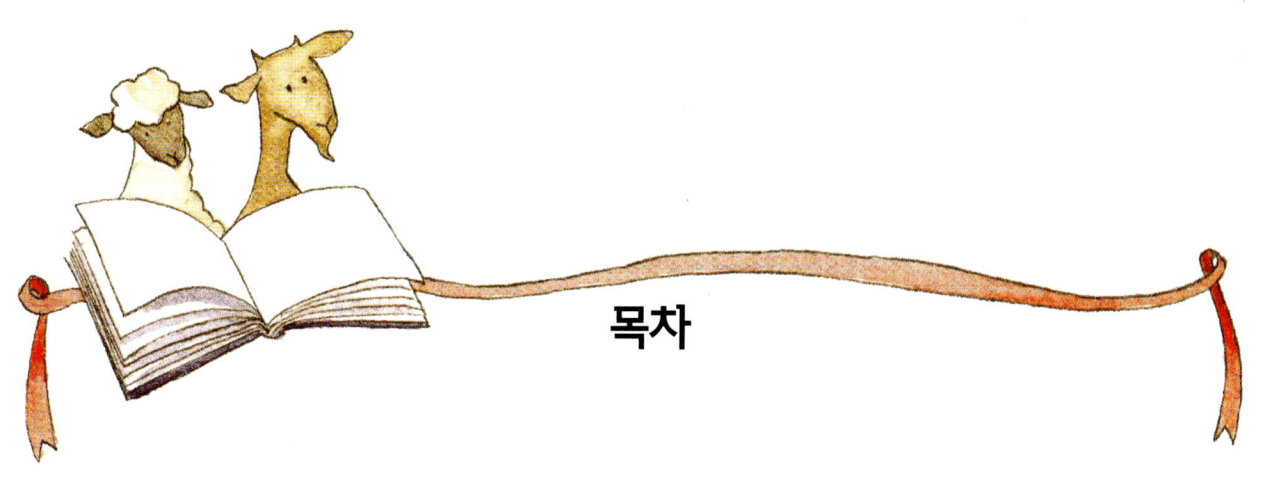

목차

독자에게 드리는 글   9
봉헌의 글   10
제1부: 우리의 하나님 이미지 치유하기   11
   참 좋은 연로한 삼촌 조지   13
   내가 치유되지 못했던 이유   16
   우리는 우리가 숭배하는 그 하나님처럼 되어간다   19
   나의 하나님 이미지는 어떻게 변화되었는가?   10
   하나님께서는 적어도 우리를 가장 사랑하는 사람이
          사랑하는 만큼은 우리를 사랑하신다   23
   성경에 기록된 복수심 가득한 징벌에 관한 구절들은 어떻게 된 것인가?   24
   복수심 가득한 징벌에 대한 예수님의 반응   28
   복수심 가득한 징벌에 관한 구절들을 문자적으로
          해석하는 것은 우리를 미치게 할 수도 있다   31
   하나님의 이 만년 동안의 토라짐   32
   하나님은 검사인가 변호사인가?   36
   회개치 않은 죄인의 상태로
          사랑받고 용서받았다는 사실이 어떻게 나를 치유하였는가?   39
   하나님께서는 누군가를 지옥에 보내시는가?   42
   고통의 지옥은 어떻게 된 것인가?   45
   예수님께서는 지옥에 있는 우리에게 오셔서 우리와 함께 계신다   47
   자유의지는 어떻게 된 것인가?   50
   하나님의 씨앗   52
   "하나님은 아버지입니다;
          아니, 그 이상입니다. 하나님은 어머니이기도 합니다"   55
   우리의 하나님 이미지를 변화시키는 것이 왜 그토록 중요한가?   59
   지옥에 대한 두려움이 중독과 부정적 행동들을 야기하는가?   62

치유는 징벌이 아니라 오직 사랑에 의해서 가능하다	65
우리는 모두 착한 염소들입니다	68
우리의 하나님 이미지를 변화시키는 간단한 방법	70
제2부 질문과 응답	73
자료들	81

독자에게 드리는 글

이 책은 수년 동안 여러 피정(Retreat)에서 발표했던 글들을 토대로 해서 형성된 것입니다. 같은 자료를 통해서도 사람에 따라 배우는 내용이 각각 다를 수 있기 때문에, 우리는 보통 발표한 후에 질문들을 취합합니다. 이런 연유로 이 책은 크게 두 부분으로 나누어져 있습니다. 제1부는 "우리의 하나님 이미지 치유하기"입니다. 이 부분은 피정에서 발표한 글들에 들어 있던 짤막한 이야기들을 포함하고 있습니다. 제2부는 "질문과 응답"입니다. 여기에는 가장 빈번하게 제기되었던 질문들에 대한 우리들의 응답이 담겨져 있습니다. 그 뿐만 아니라 보다 전문적이고 학문적인 정보도 제공되어 있습니다. 즉, 2부는 1부에 대한 신학적인 토대를 제공합니다. 보다 깊은 연구를 위해 필요한 자료들 또한 자료들이라는 제목 아래 제시되어 있습니다.

독자 여러분들의 질문을 환영하면서, 우리는 또한 이 책의 내용들이 제가 속한 가톨릭을 포함한 다양한 기독교 전통들이 지지하는 정통교리의 범위를 벗어나지 않는다는 사실을 독자 여러분들이 확신하기를 원합니다. 그렇지 않았다면, 이 책은 출판될 수 없었을 것입니다. 왜냐하면 우리의 저술들이 소속 수도회인 예수회로부터 출판 허가를 받기 위해선 반드시 정통교리에 부합되는지의 여부가 사전에 검토되어야 하기 때문입니다. 천국과 지옥의 신비에 관한 우리들의 견해는 타당할 뿐만 아니라 전적으로 정통적인 견해이기도 합니다.

데니스 린, 쉴라 페브리컨트 린, 매튜 린

봉헌의 글

인자가 자기 영광으로 모든 천사와 함께 올 때에…모든 민족을 그 앞에 모으고 각각 분별하기를 목자가 양과 염소를 분별하는 것 같이 하여 양은 그 오른편에, 염소는 왼편에 두리라. 그 때에 임금이 그 오른편에 있는 자들에게 이르시되 내 아버지께 복 받을 자들이여 나아와 창세로부터 너희를 위하여 예비된 나라를 상속하라…또 왼편에 있는 자들에게 이르시되 저주를 받은 자들아 나를 떠나 마귀와 그 사자들을 위하여 예비된 영영한 불에 들어가라… 저희는 영벌에, 의인들은 영생에 들어가리라 하시니라.(마 25:31-34, 41, 46)

스스로 염소처럼 느껴져 영벌을 두려워 한 적이 있는 분들께 이 책을 바칩니다.

제1부

우리의 하나님 이미지 치유하기

참 좋은 연로한 삼촌 조지

저 데니스(Dennis)는 참 좋은 연로한 삼촌 조지를 닮은 하나님의 이미지를 지니고 성장했습니다.

제럴드 유스(Gerard Hughes)는 그와 같은 하나님의 이미지를 다음과 같이 설명합니다.

하나님은 엄마와 아빠가 존경해 마지않는 친척입니다. 그 친척은 스스로를 사랑이 가득하고, 우리 가족의 좋은 친구이며, 큰 능력의 소유자이며, 우리 가족 모두에게 관심을 갖는 분으로 소개하였습니다.

마침내 우리는 "참 좋은 연로한 삼촌 조지"를 방문하게 되었습니다. 그는 엄청나게 큰 집에 살고 있었고, 턱 수염을 지닌 퉁명스럽고 위협적으로 느껴지는 분이었습니다. 친척 중에서 보배와 같은 존재인 이분에 대한 우리 부모님들의 찬사와 존경을 우리는 공유할 수 없었습니다.

방문이 끝나갈 무렵에 조지 삼촌이 우리에게 말했습니다. "사랑하는 애들아, 이제 들어보려무나." 그는 매우 엄한 모습으로 말하기 시작했습니다. "나는 너희들이 매주 이곳으로 나를 보러 오기를 원한다. 만일 오지 않는다면, 너희들에게 무슨 일이 벌어질 것인지를 보여주겠다."

삼촌은 우리를 건물 지하실로 데리고 내려갔습니다. 그곳은 어두웠고, 밑으로 내려갈수록 더욱 더 뜨거웠습니다. 그리고 우리는 소름끼치는 비명소리를 듣기 시작했습니다. 그 지하실에는 강철 문들이 있었습니다. 조지 삼촌이 그 중 하나를 열었습니다. 그리고 말했습니다. "자 애들아, 안을 들여다보아라." 우리는 악몽과 같은 장면을 보았습니다. 일렬로 늘어서 있는 활활 타오르는 불화로들, 그 곁에 지켜 서서 조지 삼촌을 방문하지 않았거나 조지 삼촌이 인정하는 방식대로 행동하지 않은 남자, 여자, 그리고 아이들을 불꽃 속으로 던져 넣고 있는 작은 악마들을 보았습니다.

"애들아, 만일 너희가 나를 방문하지 않는다면, 바로 이곳이 너희가 반드시 가게 될 곳이란다"라고 조지 삼촌은 말했습니다. 그리고는 그는 우리를 위로 다시 데리고 올라와서 엄마와 아빠에게 인계했습니다. 우리는 한 손으로는 아빠를 다른 한 손으로는 엄마를 꽉 붙잡고 집으로 돌아갔습니다.

엄마가 우리에게 몸을 숙이며 말했습니다. "자 이제, 온 마음과 영혼, 정신과 힘을 다하여 너의 삼촌 조지를 사랑하겠니?" 우리는 그 괴물과 같은 삼촌을 혐오했지만, "예, 사랑하겠어요"라고 말할 수 밖에 없었습니다. 왜냐하면 그 외의 대답을 할 경우, 우리 또한 불화로로 향하는 행렬에 속하게 될 것이기 때문이었습니다.

이로 인해 어린 시절에 종교적 정신분열증이 자리 잡게 되었습니다. 그래서 조지 삼촌에게 우리가 얼마나 그를 사랑하는지, 그가 얼마나 좋은 분인지, 그리고 우리는 그를 기쁘시게 하는 일만을 행하길 원한다는 것을 계속해서 고백해야만 했습니다.

우리는 그가 듣기를 원하는 말만을 하는 반면에, 감히 그를 몹시 싫어한다는 사실을 인정할 수는 없었습니다. 심지어 우리 스스로에게도 인정할 수 없습니다.

내가 치유되지 못했던 이유

여러 해 동안 우리 세 사람은 삶에 큰 타격을 준 상처들의 치유를 위해 기도해왔습니다. 그 결과 우리 자신뿐 아니라 타인의 삶에서도 깊은 치유가 이루어지는 것을 경험했습니다. 그러나 저, 데니스는 마침내 치유의 기도가 효력을 발휘하지 못하는 내 삶의 한 문제에 봉착하게 되었습니다. 왜 치유되지 못했을까요?

저의 절반은 독일인의 피를 이어받았습니다. 비록 모든 독일 사람들을 정형화시켜 말하고 싶지는 않지만, 많은 선조들과 마찬가지로 저는 스스로 의롭다고 여기는 독일인으로 태어났습니다. 마치 자신이 인정하는 방식으로 행동하지 않는 사람들은 그 누구라도 타오르는 불꽃 속으로 던져 넣는 스스로 의로운

"참 좋은 연

내가 치유되지 못했던 이유

로한 삼촌 조지"와 마찬가지로, 저 역시 내 자신이 아닌 다른 사람들의 잘못과 오류를 발견하였습니다.

여러 해 동안 저는 자기 의를 제거하기 위해 거의 모든 종류의 치유 기도를 시도해보았습니다. 비록 이러한 기도들이 나의 여러 가지 면을 치유하였지만, 자기 의는 치유하지 못했습니다. 나는 종종 그렇게 열심히 기도했는데도 하나님께서는 왜 치유해 주지 않으셨을까하고 의아해했습니다.

그러던 어느 날, 나의 자기 의가 거의 사라져 버렸다는 것을 알게 되었습니다. 그리고 나는 다음과 같이 질문하였습니다. 그렇게 오랜 기간 씨름해왔는데, 이렇게 놀라운 변화가 어떻게 갑자기 그리고 거의 자동적으로 일어나게 되었을까요?

우리는 우리가 숭배하는 그 하나님처럼 되어간다

　나의 하나님의 이미지가 변화되었을 때 나는 변화되었습니다. 우리들 대부분은 우리도 어렸을 때부터 존경해온 부모님들처럼 되어간다는 사실을 인정합니다. 그러나 우리는 또한 우리가 숭배하는 그 하나님처럼 되어간다는 사실은 정작 깨닫지 못합니다.

　불행하게도, 내가 자라면서 숭배했던 하나님은 독일인이었습니다. 나의 하나님은 스스로 의로운 독일인으로 심판의 의자에 앉아 있었습니다. 그리고 그 당시 나의 하나님은 항상 남자였습니다. 스스로 의로운 독일인으로서의 나의 하나님은 모든 사람들 안에 있는 그 어떠한 잘못과 오류들도 찾아낼 수 있었습니다. 만일 스스로 의로운 나의 하나님이 어떤 사람들 안에서 자신이 좋아하지 않는 점들을 보게 된다면, 그는 그 사람들을 지옥에 보냄으로써 그들을 자신과 분리시킬 수 있었습니다. 그리고 바로 나의 하나님이 스스로 의로운 독일인이었다는 사실이 그 많은 치유기도를 통해서도 나의 자기 의가 치유되지 못했던 이유입니다. 나는 내 자신이 숭배했던 그 하나님처럼 되어 갔던 것입니다.

　우리 삶의 모든 측면에서 우리는 우리가 숭배하는 그 하나님처럼 되어 갑니다. 예를 들어보겠습니다. 우리는 핵무기를 가지고 서로를 완전히 멸절시켜버릴 수 있는 능력을 지니고 있는 시대에 살고 있습니다. 이점에서 많은 교회들은 평화에 관한 목회서신들을 발송했습니다. 우리 교회의 목회서신은 적에게 결코 핵무기를 사용해서는 안된다는 주장을 담고 있습니다. 그러나 만일 나의 하나님이 하나님의 적을 지옥의 고통스러운 곳에 보낼 수 있다면, 나 또한 핵무기라는 지옥을 나의 적에게 투하할 수 있습니다. 반대로 나의 하나님이 사람들을 그와 같은 방식으로 다루지 않으신다면, 나 또한 그렇게 할 수 없습니다. 우리는 여기서 개인적일 뿐만 아니라 사회적인 치유를 위한 열쇠가 우리의 하나님 이미지를 치유하는 데 있다는 것을 발견할 수 있습니다.

나의 하나님 이미지는 어떻게 변화되었는가?

어느 날 힐다(Hilda)가 찾아와서 울음을 터트렸습니다. 아들이 네 번째 자살을 시도한 것입니다. 힐다는 나에게 아들이 남창, 마약 판매책, 그리고 살인에도 가담했었다고 했습니다. 그녀는 다음과 같이 말했습니다.

"나를 가장 괴롭게 하는 것은 하나님과 어떤 관계도 맺기를 원치 않는다는 내 아들의 말입니다. 그가 회개하지 않은 채 그리고 하나님과 어떤 관계도 맺기를 원치 않은 채 자살한다면 아들에게 어떤 일들이 벌어지겠습니까?"

그 당시 나의 하나님 이미지는 참 좋은 연로한 삼촌 조지와 같은 이미지였습니다. 그래서 "하나님은 아마도 당신의 아들을 지옥에 보낼 것입니다"라는 말이 떠올랐습니다. 그러나 그 말을 힐다에게 하길 원치 않았습니다. 여러 해 동안의 신학 수업을 통해서 대답하기 어려운 신학적 질문을 받았을 때 어떻게 응답해야 하는지를 알고 있어서 기뻤습니다. 그것은 질문한 사람에게 되묻는 것이었습니다. 그래서 힐다에게 되물었습니다. "당신은 어떻게 생각하십니까?"

힐다가 대답했습니다. "글쎄요, 우리가 죽으면 하나님의 심판의 보좌 앞에 서게 된다고 생각합니다. 우리가 선한 삶을 살았으면 하나님께서는 천국으로 보내실 것이고, 악한 삶을 살았으면 지옥으로 보내실 것입니다." 그녀는 슬픈 표정으로 이렇게 결론을 내렸습니다: "내 아들은 그렇게 악한 삶을 살았기 때문에, 만약 회개하지 않은 채 죽게 된다면 하나님은 틀림없이 그를 지옥에 보낼 것입니다."

비록 내 자신도 그녀의 말에 동의하고 싶었지만, 나는 "맞습니다, 힐다. 당신의 아들은 아마도 지옥에 가게 될 것입니다"라고 말하길 원치 않았습니다. 감사하게도, 내가 받은 신학적 훈련은 두 번째 전략을 저에게 가르쳐 주었습니다. 그것은 바로 어떻게 나의 하나님 이미지는 어떻게 변화되었는가?

해결해야 할지 알 수 없는 신학적 문제는 하나님께서 해결하도록 허락하라는 원리입니다. 그래서 나는 힐다에게 말했습니다. "눈을 감아보십시오. 당신이 하나님의 심판의 보좌 옆에 앉아 있다고 상상해보십시오. 그리고 당신의 아들이 앞서 언급한 심각한 죄들을 범했으나 회개를 하지 않은 채 죽었다고 상상해보십시오. 그 아들이 죽어서 지금 막 하나님의 심판의 보좌 앞에 도달했습니다. 이것들이 상상이 될 때 제 손을 꽉 잡아주십시오."

몇 분이 지나서 힐다가 내 손을 잡았습니다. 그리고 상상 속에 나타난 심판의 장면을 나에게 설명해주었습니다. 나는 힐다에게 물었습니다. "힐다, 당신의 아들이 어떻게 느끼고 있나요?" 힐다는 대답했습니다. "내 아들은 외로움과 공허함을 느끼고 있습니다." 나는 힐다에게 무엇을 하길 원하는지 물었습니다. 그녀는 "내 아들을 두 팔로 끌어안고 싶습니다." 그녀는 두 팔을 들어 올렸습니다. 그리고 그녀의 아들을 꼭 끌어안는 상상을 하면서 울기 시작했습니다.

한참 후에 그녀가 울음을 그쳤을 때, 나는 그녀에게 하나님의 눈을 바라보면서 하나님께서 무엇을 하길 원하시는지를 살펴보도록 요청했습니다. 하나님께서는 보좌에서 내려오셔서 마치 힐다가 했던 것처럼 힐다의 아들을 끌어안으셨습니다. 그리고 힐다, 힐다의 아들, 하나님, 모두 함께 울면서 서로서로를 끌어안았습니다.

하나님께서는 적어도 우리를 가장 사랑하는 사람이 사랑하는 만큼은 우리를 사랑하신다

나는 충격을 받았습니다. 힐다가 그 몇 분 동안에 나에게 가르쳐 준 것은 바로 건강한 기독교 영성의 핵심이었습니다. 그것은 하나님께서는 적어도 우리를 가장 사랑하는 사람이 사랑하는 만큼은 우리를 사랑하신다는 사실입니다. 하나님은 최소한 힐다가 그녀의 아들을 사랑한 것만큼은 우리를 사랑하십니다. 하나님은 최소한 쉴라와 매트가 나를 사랑하는 것만큼은 우리를 사랑하십니다.

쉴라와 매트가 나를 가장 사랑할 때조차도 그들은 다음과 같이 말하지는 않습니다. "데니스, 우리는 너를 무조건적으로 사랑한다. 네가 상상하는 것 이상으로 너를 사랑한다. 그러나 너는 우리의 사랑을 배신했어. 그러니 지옥에 가라. 그러나 우리가 너를 얼마나 사랑하는지는 기억해 주렴." 그리고 비록 쉴라가 엄청난 재력을 지니고 있다할지라도 그녀는 나의 죄과들을 감량하기 위해 많은 돈을 지불하지는 않습니다. 만약 쉴라와 매트가 이러한 일들을 하지 않는다고 해서, 하나님 또한 하지 않으실 것 같습니까?

성경에 기록된 복수심 가득한 징벌에 관한 구절들은 어떻게 된 것인가?

처음에는 힐다가 발견한 사랑의 하나님을 제 자신은 믿기가 어려웠습니다. 저는 마태복음 25장과 복수심 가득한 징벌에 관한 성경 구절들을 읽으면서 성장했습니다. 마태복음 25장은 하나님께서 염소들에게 어떻게 행하실 것인지를 기록하고 있습니다. 예를 들면, 마태복음 5:29 은 "만일 네 오른 눈이 너로 실족케 하거든 빼어 내버리라. 네 백체 중 하나가 없어지고 온 몸이 지옥에 던지우지 않는 것이 유익하며"라고 말합니다. 이러한 구절들은 하나님을 마치 어린이를 학대하는 사람이나, 보다 더 정확하게는 참 좋은 연로한 삼촌 조지와 유사한 분처럼 느껴지게 만들었습니다.

저는 힐다에게 배웠던 것이 아마도 사실일 것이라고 가정해보았습니다. 그리고 스스로 자문하기 시작했습니다. 어떻게 우리를 가장 사랑하는 사람들이 복수심 가득한 징벌의 언어들을 사용할 수 있단 말인가? 그러자 저는 우리를 가장 사랑하는 사람들, 즉 조부모님들, 부모님들, 연인들 또한 참 좋은 연로한

성경에 기록된 복수심 가득한 징벌에 관한 구절들은 어떻게 된 것인가?

삼촌 조지나 아동을 학대하는 사람들과 같이 복수심 가득한 징벌들의 언어를 종종 사용하기도 한다는 것을 알게 되었습니다. 그러나 그 언어들이 의미하는 바는 크게 다르다는 것 또한 알게 되었습니다.

가령, 우리의 사촌인 앤(Ann)과 조지(George)는 굉장히 밝고 건강한 네 명의 십대 자녀들을 기르고 있습니다. 우리는 종종 그들에게 묻습니다: "어떻게 그렇게 기를 수 있었어?"

어느 날, 우리는 그들에게 물었습니다. "작년에 자녀들을 벌한 기억이 있니?" 그들은 서로 멍하니 쳐다보기만 했습니다. 우리는 답답한 마음에 다시 물었습니다. "지난 오년이나 십년 동안 자녀들을 벌한 기억이 있니?" 그들은 서로를 쳐다보면서 이전과 같이 멍한 표정만을 지었습니다. 앤이 말했습니다. "아, 가족 여행 때가 기억나네. 아이들이 차 뒤 자석에서 시끄럽게 떠들었지. 그래서 조지가 '너희들 조용히 하지 않으면, 차 지붕위에다 묶어 놓을거야' 라고 말했지. 조지, 아이들이 얼마나 조용해졌는지 기억나요?"

그렇게 대화를 나누고 있을 때, 앤과 조지의 아들인 조(Joe)가 집에 돌아왔습니다. 우리는 조에게 부모님들이 가장 최근에 그를 벌한 때가 언제였는가를 물었습니다. 그의 첫 번째 반응은 멍한 표정이었습니다. 그래서 다시 물었습니다. "조, 지난 오년이나 십년 동안 어느 순간이든지 좋아. 혹시 부모님께서 너를 벌한 기억이 있니?" 조는 위를 쳐다보다가, 대답했습니다. "기억나세요? 우

리가 여행 중에 차 안에서 소란을 피웠잖아요? 아빠, 그 때 조용히 하지 않으면 우리를 차 지붕위에다 매달겠다고 하셨죠!" 그리고 조는 덧붙였습니다. "물론, 우리는 조용해졌죠. 하지만 아빠가 우리를 차 지붕 위에다 매달지 않을 것이라는 것을 알고 있었어요." 그 말에 우리 모두는 웃었습니다.

자녀들을 차 지붕에 매다는 것은 복수심 가득한 처벌입니다. 그러나 우리는 그러한 처벌의 용어들을 가정에서 많이 사용합니다. 그러한 용어들은 과장입니다. 오직 모든 사람들이 그러한 일들이 문자적으로 발생하지 않을 것이라는 것을 이해하고 있을 때에만 안전하게 사용될 수 있는 과장법입니다(성경의 저자들과 예수님 자신도 종종 마태복음 5:29 에서와 같이 과장법을 사용하셨습니다. 당시의 사람들은 그것들이 문자적으로 받아들일 대상이 아니라는 것을 이해하였습니다).

조와 같이, 우리는 사람들이 그와 같은 용어들을 사용할 때 그들이 우리를 참으로 사랑한다는 것을 압니다. 그리고 그들이 결코 그러한 처벌을 행하지 않을 것이라는 것을 압니다. 사용한 사람이나 들은 사람 모두 그 용어는 우리 모두가 함께 즐겁기 위해서 해야만 하는 중요한 일을 강조하기 위해 사용된 용어라는 것을 압니다. 그러므로 차안에서 조지의 화난 말들은 "우리 모두가 함께 즐겁게 여행하기 위해선 조용히 하는 것이 중요하단다"라는 것을 의미했습니다.

그리고 마태복음 5:29 에, 우리의 오른 눈을 실제로 빼어버리라고 명령하는 대신에, 하나님께서는 이렇게 말씀하신 것입니다. "정욕을 위해 너의 눈을 잘못 사용하지 않는 것이 중요하다. 마음의 창문인 너의 오른 눈을 훼손하지마라. 오직 그럴 때에, 너는 나와 함께 창조의 내적 아름다움을 즐길 수 있을 것이다."

그러나 만일 앤과 조지가 아이들을 차 지붕위에 매어 달은 아동학대자였다면 무슨 일이 벌어졌겠습니까? 만약 그들이 자녀들에게 그처럼 성경에 기록된 복수심 가득한 징벌에 관한 구절들은 어떻게 된 것인가?

위협을 가하는 것을 들었다면, 우리는 아마도 경찰에 연락을 했을 것입니다. 경찰에게 앤과 조지를 (혹은 어떤 경우에는 참 좋은 연로한 삼촌 조지를) 정신병원에 데리고 가서 자녀들이 더 큰 해를 입지 않도록 해달라고 요청했을 것입니다. 그러나 기쁜 소식은 하나님이 적어도 앤과 조지만큼 사랑이 많은 분이라는 것입니다.

   그들처럼, 하나님은 아동학대자가 아니라 자녀를 지극히 사랑하는 분이십니다.

복수심 가득한 징벌에 대한 예수님의 반응

우리가 지닌 하나님의 이미지를 자녀 학대자로부터 자녀를 지극히 사랑하는 분으로 변화시키는 것이 예수님의 사명의 핵심이었습니다. 예수님은 사람들이 지녔던 복수심 가득한 분으로서의 하나님 이미지를 변화시키려고 노력하셨습니다. 예수님은 종종 안식일에 병자를 치유하거나, 한센 병 환자를 만지거나, 사람들을 용서하기도 하셨습니다. 그러나 제사장들, 서기관들, 바리새인들은 예수님께서 그와 같은 일들을 하지 못하도록 금했습니다. 왜냐하면 그들은 "율법을 어긴"(illegal) 행동들이 초래한 결과들을 자세히 서술해 놓은 복수심 가득한 징벌의 성서 구절들을 문자적으로 해석했기 때문입니다.

예를 들면, 간음한 여인의 이야기가 있습니다(요 8:5). 서기관들과 바리새인들은 간음한 여인을 돌로 쳐 죽이기를 원했습니다. 그들은 예수님께 다음과 같이 말하면서 자신들을 정당화시켰습니다. "모세의 율법은 우리에게 이와 같은 여인을 돌로 쳐 죽이라고 명령했습니다"(요 8:5). 그들이 자신들의 행동의 근거로 제시한 모세의 율법은 레위기 20:10 과 신명기 22:20 입니다. 이 구절들에서, 하나님은 간음한 여인을 돌로 쳐 죽이는 복수의 징벌을 명하십니다. 만일 예수님께서도 서기관과 바리새인처럼 그 복수심 가득한 징벌의 구절들을 문자적으로 해석했다면, 예수님 또한 그들과 합세하여 간음한 여인을 돌로 쳤을 것입니다. 예수님께서 그들에게 돌을 내려놓도록 요청하였을 때, 사실은 그들에게 복수심 가득한 징벌의 성경 구절들을 문자적으로 해석하는 것을 멈추도록 요청한 것입니다.

복수심 가득한 징벌에 관한 구절들을
문자적으로 해석하는 것은 우리를 미치게 할 수도 있다

성경에 나온 복수의 징벌에 관한 구절들을 문자적으로 해석하는 것의 위험성을 가장 분명하게 확인했던 경우는 내 친구 빌 윌슨(Bill Wilson)을 만나기 위해 한 정신병원을 방문했을 때였습니다. 경호인들이 나를 그의 방까지 안내해주었습니다. 빌의 손은 침대에 묶여져 있었고, 그의 오른쪽 얼굴은 붕대로 감겨 있었습니다. 그날 아침 그는 오른쪽 눈알을 도려내려고 시도했던 것입니다. 내가 이유를 묻자, 그는 마태복음 5:29을 인용하여 대답했습니다: "만일 네 오른 눈이 너로 실족케 하거든 빼어 내버리라 네 백체 중 하나가 없어지고 온 몸이 지옥에 던지우지 않는 것이 유익하며."

모든 사람들은 빌이 그 구절의 전반부, "만일 네 오른 눈이 너로 실족케 하거든 빼어 내버리라"를 문자적으로 해석하는 것은 미친 짓이라고 생각합니다. 그러나 그 구절의 후반부를 문자적으로 받아들여 하나님께서 복수심에 차서 나를 지옥에 던져 넣을 것이라고 믿는 것이, 빌이 전반부를 문자적으로 받아들인 것만큼이나 미친 짓이라는 것을 나는 깨달았습니다.

청소년기에 주유소에 들어가 달력에 있는 여성의 나체를 보았을 때의 나 자신보다 빌이 더 미친 것은 아닙니다. 그때 나는 이렇게 생각했습니다. "아, 이제 죽을 죄를 지었구나. 이 자리를 떠난 직후에 자동차 사고를 만나 죽게 된다면, 나는 곧 바로 지옥에 떨어지게 될 거야." 그리고 자녀들에게 다음과 같이 말하는 많은 부모들 보다 빌이 더 미쳤다고 할 수 없습니다. "더 나은 행동을 해라. 그렇지 않으면 하나님께서 네게 벌을 주실 거다."

하나님의 이만년 동안의 토라짐

성경에 나온 복수심 가득한 징벌의 구절들을 문자적으로 해석하려 했던 나의 경향은 부분적으로는 안셀름(Anselm, 1033-1109)의 가르침에 대한 일반적 이해에서 비롯되었습니다. 딕 웨스리(Dick Westly)는 『구속적 친밀함』(*Redemptive Intimacy*)에서 신학자인 월터 임비올스키(Walter Imbiorski)의 설명을 인용합니다.

월터는 안셀름의 가르침이 어떻게 오늘날 대중적 기독교의 가르침으로 자리 잡게 되었는지를 다음과 같이 설명합니다. 아시겠습니까? 안젤름주의의 구원신학이라고 내가 명명한 것에 우리들 대부분이 감정적으로 사로잡혀 있다는 점이 어려운 부분입니다. 안젤름주의의 구원 신학은 다음과 같은 것입니다. 하나님이 세상을 창조하셨습니다. 아담과 이브는 죄를 범했습니다. 하나님은 상당히 화가 나셨고, 만년 동안 토라져서 천국의 문들을 닫아버리고 그 악당들을 내어 쫓으셨습니다. 그래서 하나님께서는 토라진 채로 하늘에 계셨고, 오천년이 지난 후에 독생자는 팔꿈치로 하나님을 쿡쿡 찌르면서 말합니다. "아버지, 이제 저 아래 있는 사람들을 용서해야 하지 않겠습니까?" 하나님께서 말씀하십니다. "안돼. 나는 그들을 좋아하지 않는다. 그들은 나의 영광을 훼손했어. 그들은 버림받아야 한다. 대신 또 다른 우주를 만들자!" 그리고 또 오천년이 지났습니다. 독생자가 다시 하나님 앞에 나와서 말합니다. "제발, 아버지. 그들을 용서하세요. 저를 보세요. 저의 계획을 말씀드릴게요. 만일 아버지가 그들을 다시 사랑한다면, 저는 그들에게 내려가서 그들 중의 한 사람이 되겠어요. 그러면 제가 그들 중의 한 사람이 되었기 때문에, 아버지는 그들을 사랑할 수밖에 없을 거예요." 하나님은 독생자를 쳐다보고 이렇게 말씀합니다. "그걸 너무 믿지 마라. 그렇다고 나의 생각이 많이 달라지진 않을 거다." 그러자 독생자가 대답합니다. "좋아요. 하나님 아버지. 나의 계획을 계속 들어보세요. 아버지께서 거절할 수 없는 좀 더 심각한 제안을 하겠습니다. 내가 그들에게 가서 단지 그들 중의 하나가 되는 것만이 아니라, 그들을 위

하나님의 이만년 동안의 토라짐

해서 고난을 받겠습니다. 실제로 피를 흘리겠습니다. 아버지, 피가 아버지의 생각을 바꿀 수 있다는 것을 아시죠. 어떻습니까?" 그러자 하나님께서 말씀하십니다. "음 그래. 그러나 진짜 고통이고 진짜 피여야 한다. 나를 속이려 하지 마라. 알겠니? 너는 정말로 고난을 받게 될 것이다. 네가 그렇게 한다면, 나는 그들을 용서할 것이다. 그러나 그들이 바르고 좁은 길을 벗어난다면, 벗어난 그만큼 그들을 지옥으로 보낼 것이다. 지옥으로 보내는 것은 매우 신속하게 처리될 것이다." 이것들이 바로 우리가 성경에서 말한 "복음"으로 알아 온 것입니다.

하나님은 검사인가 변호사인가?

안젤름의 신학은 대단히 중요한 복음의 몇 가지 측면들을 배제하고 있습니다. 왜냐하면 그의 신학은 앞서 언급한 신약의 기사들을 보다 더 긍휼의 마음으로 이해한 다른 전통들을 무시하고 있기 때문입니다. 예를 들면, 파라클레토스(*parakletos*)나 "우리를 심판하시는 예수의 영"은 가장 적합하게는 "우리를 의롭게 하는, 우리를 변호하는 변호사"(요 14:15, 15:26)로 번역될 수 있습니다. 스페인어 번역이 이 말의 의미를 가장 잘 전달하고 있습니다. 스페인어로 된 많은 성경 번역들과 교회의 기도문들은 심판하는 예수의 영을 '뉴에스트로 아보가도'(*nuestro abogado*)로 번역하고 있으며, 그 의미는 "우리를 변호하는 변호사"입니다.

신약성경은 예수를 변호사로 묘사한 이야기들을 많이 담고 있습니다. 두 가지 이야기를 예로 들어 보겠습니다. 하나는 바울의 이야기(행 9:1-22)이고, 다른 하나는 간음한 여인의 이야기(요 8:2-12)입니다. 그 누구에게도 돌을 던지거나 심판하도록 허락하지 않으심으로, 예수님은 간음한 여인의 변호인이 되어주십니다. 예수님도 그녀를 심판하십니다. 그러나 고소하는 검사로서가 아니라 변호사로서 심판하십니다. 예수님은 그녀의 부정한 행위, 즉 간음을 알고 있었고 그 죄를 지적하십니다. 그러나 한 인간으로서 전적으로 그녀의 편이 되어 주십니다. 예수님이 가장 불편해하는 사람들은 돌을 던지려는 사람들, 즉 고소하는 검사처럼 행동하는 사람들입니다(요 8:7).

예수님은 또한 바울의 변호인이십니다. 바울 보다 마음이 더 굳은 사람이 어디 있을까요? 자신을 제외한 모든 사람들에게서 잘못과 오류를 찾아낼 수 있는 유대 바리새인으로서, 바울은 내가 지녔던 "독일인의 자기 의"와 유사한 것에 중독되어 고통당했습니다. 게다가 그는 분노하고 통제하는 일에 중독된 사람처럼 행동했습니다. 그는 예수님과 어떠한 관계도 맺기를 원치 않았습니다. 오히려 예수님을 적극적으로 핍박했으나(행 9:4), 그에게는 그 어떠한 회개의 기미도 보이지 않았습니다.

예수님은 바울을 어떻게 대하셨습니까? 예수님은 그를 사랑했고, 또한 치유하셨습니다. 바울이 지녔던 징벌하는, 바리새적인 하나님 이미지는 (참 좋은 연로한 삼촌 조지와 매우 유사한 이미지) 사랑의 하나님 이미지로 바뀌게 되었습니다. 바울의 하나님 이미지가 바뀌던 순간, 바울 그 자신도 변화하게 된 것입니다. 바울은 보복심 가득한 자기 의와 폭력과 살인의 중독으로부터 회복되기 시작했습니다. 왜냐하면 바울은 하나님이 그러한 것들 중 어느 것에도 중독된 분이 아니라는 것을 발견했기 때문입니다. 그러면 이러한 회복을 위해서 바울이 했던 것은 무엇입니까? 아무 것도 없습니다. 하나님은 치유를 위해 바울에게 그 어떤 전제 조건도 요구하지 않으셨습니다. 선(先) 회개조차도, 요구하지 않으신 것입니다.

바울의 이야기와 다른 신약성경에 나타난 이야기들이 증언하는 복음은 하나님이 회개한 죄인을 사랑한다는 것이 아닙니다. 오히려 보다 근본적인 복음은 하나님은 회개하지 않은 죄인을 사랑하고 치유하신다는 것입니다.

이 말은 회개가 중요하지 않거나 무의미하다는 것을 의미하지 않습니다. 그러나 우리가 먼저 회개한 다음에야 하나님은 우리를 사랑하신다는 것은 사실이 아닙니다. 오히려 정반대입니다. 바울은 아직 회개하지 않고 있는 동안에 하나님이 먼저 그를 사랑하고 치유하심으로 회개할 수 있었던 것입니다. 우리가 회개할 수 있는 잠재적 능력을 지니고 있는 유일한 이유는, 우리가 아직 회개치 못한 죄인이었을 때에 하나님께서 우리를 먼저 사랑하고 치유하신다는 사실 때문입니다(요일 4:19). 그러므로 회개는 하나님의 사랑과 용서를 획득하기 위해서 중요한 것이 아닙니다. 오히려 바울의 경우에서와 같이, 회개는 하나님께서 먼저 주도적으로 행하신 치유를 우리 삶에서 누리고 즐거워할 수 있기 위해서 중요한 것입니다.

하나님은 검사인가 변호사인가?

　예수님은 실제로 바울을 심판하십니다. 그래서 예수님은 바울이 기독교인의 박해를 포함한 많은 잘못된 일을 행했다고 말씀하십니다(행 9:4). 그러나 정죄하는 대신에, 예수님은 바울의 삶의 "바름"(justness) 혹은 "타당함"(reasonableness)을 이해하십니다. 예수님은 변호인으로서 바울의 내적 선함을 간파하십니다. 치유는 예수님이 변호인으로서 우리를 심판할 때 일어납니다. 우리는 예수님이 변호인으로 우리를 심판하실 때, 우리가 무조건적으로 사랑받고 있다는 것을 알게 되기 때문입니다.

　고소하는 검사로서가 아니라 변호하는 변호사로서의 예수님의 삶의 절정은 십자가상에서 마지막으로 말씀하실 때 드러납니다. 십자가는 두 가지 현실을 깊이 있게 드러냅니다. 하나는 사랑을 상실한 행위가 야기한 엄청난 파괴이며, 다른 하나는 전자에 대한 하나님의 응답에 담긴 더욱 엄청난 사랑입니다. 예수님은 회개치 않은 자신의 살인자들에 대해 변호인의 용어를 사용하여 긍휼이 가득한 마음으로 하나님께 용서를 요청합니다. "아버지여, 저희를 사하여 주옵소서. 자기의 하는 것을 알지 못함이니이다"(눅 23:34).

회개치 않은 죄인의 상태로 사랑받고 용서받았다는 사실이 어떻게 나를 치유하였는가?

바울의 경우처럼, 회개치 않은 죄인으로서 사랑받는다는 사실이 나에게는 종종 치유와 삶의 변화를 경험하게 하는 요인이 되었습니다. 예를 들면, 여러 해 전 내가 지닌 독일인의 자기 의는 미국의 국경 순찰대 근처에서 발동했습니다. 멕시코 국경에서 1마일 떨어진 캘리포니아의 한 지역에 살고 있었던 어느 날, 나는 쉴라와 함께 실외에서 글을 쓰고 있었습니다. 우리는 국경 수비대가 해변에서 다섯 명의 멕시코인들을 붙잡는 것을 보았습니다. 우리는 어떤 방식으로든 그들을 돕고 싶었습니다. 그래서 집 안으로 들어가서 귀리로 만든 스낵바를 모아가지고 해변으로 나갔습니다. 우리가 도착했을 때, 그 멕시코인들은 손을 공중으로 든 채 수색을 당하고 있었습니다. 예전에 멕시코에 머물렀을 때, 우리는 굶주린 가족들에게 양식을 사 줄 수 없는 수많은 실직자들을 만나보았습니다. 그들을 만났을 때 당혹감을 감출 수가 없었습니다. 그래서 우리는 이 멕시코 인들이 왜 국경을 넘어오는지를 잘 알고 있습니다. 그러나 국경 수비대는 그들을 비인간적으로 취급했습니다. 그들이 누구이며 무엇 때문에 왔는지조차 묻지 않았습니다. 국경 수비대원들이 나에게 친절하게 대했지만, 나는 화가 나서 그들을 차갑게 대했습니다. 내가 할 수 있었던 일은 그 멕시코인들에게 귀리 스낵바를 건네주고, 국경 수비대의 비인간적 행위들을 대신하여 사과하는 것이었습니다.

집으로 돌아와서, 나는 매트가 점심을 위해 만든 치즈 파이 냄새를 맡았습니다. 나는 매트에게 무슨 일이 있었는지를 설명해주고, 왜 자신을 따라 오지 않았는지 그 이유를 물었습니다. 매트는 대답했습니다. "데니스, 당신이 집 안으로 들어와서 귀리 스낵바를 모을 때, 당신은 국경 수비대원들에게 상당한 적대감을 드러내고 있었소. 그렇게 적대감에 가득 차있는 당신과는 그 어디도 함께 갈 수 없었소." 매트는 진실을 말했습니다. 나는 국경 수비대원들이 멕시코인들을 비인간적으로 대하는 것에 화가 났으며, 화가 난 내가 옳다고 생각했습니다. 그러나 나는 올바르지 못했습니다. 나는 적대감 가득히 행동했으며, 그들과 똑같은 방식으로 국경 수비대원들을 비인간적으로 대했습니다. 심지어 그들이 상냥하게 말하는 순간에도 차갑게 응대함으로써, 나는 멕시코 인들을 향한 그들의 잘못된 행동에 좋은 영향을 끼칠 수 있는 가능성마저 제거해버린 것입니다. 그래서 우리는 다시 한 번 귀리 스낵바를 모았습니다. 이번에도 국경 수비대원들에게 갔습니다. 그리고 우리가 그들을 비인간적으로 대했던 점에 대해 사과했습니다. 우리 모두는 함께 스낵바를 먹었습니다. 그러자 국경 수비대원들이 실직자인 멕시코인들을 체포하는 것이 얼마나 하기 싫은 일인가를 고백했습니다. 그러나 그들도 가족의 생계를 위해서 어쩔 수 없었습니다. 내가 그들에게 사과하자, 그들은 우리의 사과와 함께 멕시코인들을 좀 더 인간적으로 대해주었으면 좋겠다는 우리의 제안에도 열린 마음을 보여주었습니다.

내가 국경 수비대원들을 비인간적으로 대했다는 매트의 판단에 귀를 기울일 수 있었던 것은, 그가 우리를 위해 굽고 있는 파이의 냄새를 맡았을 뿐만 아니라 나를 한 번도 배척한 적이 없는 그의 사랑을 경험했기 때문입니다. 또 다른 이유를 첨가한다면, 매트가 멕시코에서 우리와 함께 지냈었기 때문입니다. 그러므로 매트는 변호사처럼 나의 분노의 "바름"과 "타당함"을 이해했습니다. 비록 그가 나의 행동을 심판하였을지라도, 나를 향한 그의 사랑은 나를 치유하였고, 내게 회개할 수 있는 힘을 주었습니다. 그의 사랑은 내가 국경 수비대원들에게 용서를 구했을 때 그의 사랑과 똑같은 사랑을 그들에게 전하고자 하는 열망을 내게 심어주었습니다. 바울을 향한 예수님의 사랑이 그러했던 것처럼, 매트의 사랑은 나의 회개가 전제되어야 하는 것은 아니었습니다. 오히려 그의 사랑이 나를 치유함으로 나는 회개할 수 있었고, 더 나아가 전에는 깨닫지 못했던 나의 파괴적인 행동들, 즉 국경 수비대원들을 비인간적으로 대하는 것과 같은 행동들을 인식할 수 있게 되었습니다.

하나님께서는 누군가를 지옥에 보내시는가?

기독교의 여러 전통들과 가톨릭 전통은 사후의 생에 대한 두 가지 믿음을 공유합니다. 첫 번째는 천국이 존재하고, 천국에 속해 있는 사람들이 있다는 믿음입니다. 여기서 천국은 저 위 하늘의 어떤 특정한 장소를 의미하지 않습니다. 오히려 하나님과 사랑의 연합이 이루어진 상태를 의미합니다. 우리가 사랑하는 사람들 가운데, 천국에 들어가 있다고 확신할 수 있는 사람들이 있습니다. 그들은 조부모님, 부모님, 친구들일 수 있습니다. 두 번째는 지옥이 존재할 수 있다는 믿음입니다. 그러나 우리는 어떤 사람들이 지옥에 속해 있는지는 모릅니다. 여기서 지옥이란 영원한 소외를 의미합니다. 어떤 사람이 지옥에 가 있다면, 그것은 하나님께서 그 사람을 지옥에 보내서가 아니라 그 사람이 스스로 선택했기 때문입니다. C. S. 루이스(C. S. Lewis)는 지옥을 우리 자신이 들어가 있는 안쪽에서 잠긴 문을 지닌 방의 이미지를 사용하여 묘사했습니다. 신학자 리처드 맥브린(Richard McBrien)에 의하면, "예수님이나 교회도 어떠어떠한 사람들이 지옥에 갈 것이라든지 혹은 이러이러한 사람들이 실제로 지옥에 가 있다고 말한 적이 없습니다." 우리가 아는 바는 오직 정죄하지 말아야 하며, 마음이 하나님만을 향해 온전히 열리도록 기도해야 한다는 것입니다.

결국에는 모든 사람들이 마음을 하나님께 열 것이라는 희망을 가질 수 있겠습니까? 우리가 죽으면 무슨 일이 발생할까요? 우리 기독교인들이 믿는 하나님은 마음을 열게 하는데 탁월하십니다. 예를 들어 보겠습니다. 예수님은 단지 삼년 동안에 수 많은 기적들을 행했습니다. 그 중 많은 기적들은 마음이 굳은 사람들, 즉 바울과 같이 예수님과 아무런 관계가 없던 사람들에게 행하신 것입니다. 우리가 죽으면, 우리는 단지 3년이 아니라 영원히 하나님의 먼저 사랑과 치유를 경험하게 될 것입니다. 비록 우리가 바울의 마음과 같은 굳은 마음을 지닌 채 죽는다 할지라도, 하나님은 영원한 시간을 들여 우리를 사랑하고 치유하기 위해 노력하실 것입니다. 우리가 이 사실을 아는 이유는 하나님의 본질은 사랑(요일 4:16) 이며, 사랑만이 치유를 가능하게 한다는 것을 알기 때문입니다. 하나님께는 영원의 시간을 들여 우리를 사랑하고 치유(고전 13)하는 것 외에 다른 선택이 없습니다. 모든 사람을 구원하는 하나님의 주도적 치유에 대한 희망이 복음의 핵심적 메시지입니다.

> 내가 땅에서 들리면 모든 사람을 내게로 이끌겠노라.(요 12:32)

> 만물을 저에게 복종하게 하신 때에는 아들 자신도 그 때에 만물을 자기에게 복종케 하신 이에게 복종케 되리니 이는 하나님이 만유의 주로서 만유 안에 계시려 하심이라.(고전 15:28)

아마도 회개치 않은 죄인으로서 사랑과 치유를 받은 개인적 경험 때문에, 바울은 성경의 다른 저자들처럼 하나님의 주도적 치유가 궁극적으로 우리 모두를 참된 본향으로 이끌 것이라는 희망을 지니고 있었습니다(이에 관해서는 고전 15:28 외에도 롬 5:12-21, 11:30-32; 고전 15:22; 엡 1:10; 딤전 2:3-6, 4:10; 빌

2:10-11; 골 1:19-20; 살전 5:9; 딛 2:11; 히 2:9; 요 1:9, 1:29, 3:17, 12:47 하반부; 요일 2:2; 계 5:13).

일련의 사람들은 "우리에게 영원함은 주어지지 않습니다. 우리는 죽을 때 자유롭게 확정적인 결정을 합니다. 죽음의 순간이 바로 천국이냐 아니면 지옥이냐를 영원히 결정하는 순간입니다"라고 말합니다. 우리 중에 죽어 본 사람이 없기 때문에, 그 누구도 확실히 알 수는 없습니다. 그러나 그들의 말이 사실이라고 가정을 해봅시다. 그렇다면 그들의 말이 의미하는 바는 죽음의 순간에 우리는 하나님의 주도적인 치유의 영원성을 경험하게 될 것이라는 것입니다. 왜냐하면 우리는 경험해보지 않는 것을 자유로운 상태에서 확정적으로 결정할 수는 없기 때문입니다. 궁극적으로 우리의 희망은 우리가 살아온 삶에 있지 않고, 오히려 영원의 시간을 들여 우리를 사랑하고 치유하시는 하나님의 치유의 주도성에 있습니다.

고통의 지옥은 어떻게 된 것인가?

만일 하나님이 그처럼 기꺼이 영원의 시간을 들여 우리를 사랑하고 치유하길 원하신다면, 우리가 지금 고난을 당할 때 하나님은 어디에 계십니까? 만일 하나님이 우리를 이 땅의 고통스런 지옥에 버려두신다면, 어떻게 하나님이 우리를 다음 세상의 지옥에 버려두지 않는다고 믿을 수 있겠습니까? 자연재해, 전쟁, 비극적 사고, 유대인 수용소 등이 발생할 때 하나님은 어디 계셨습니까? 건강, 가정, 그리고 가족들을 잃고 난 후, 욥은 고난이 하나의 신비이며 따라서 우리는 하나님의 역할을 알 수 없다는 결론을 내립니다(욥 42:1-6). 홀로코스트의 지옥에서 나치 병사들이 한 무고한 어린아이를 교수형에 처하는 것을 지켜보면서, 엘리 위젤(Elie Wiesel)은 또 다른 결론에 이르게 됩니다.

수용소 전체에 완전한 침묵이 흘렀다. 태양이 지평선 너머로 지고 있었다.

"모두 모자를 벗어라!" 수용소장이 고함쳤다. 그의 목소리는 귀에 거슬리는 쉰 목소리였다. 우리는 모두 울었다. "모두 모자를 써라!"
그리곤 그 옆을 지나는 행진이 시작되었다. 두 어른은 더 이상 살아있지 않았다. 그들의 혀는 부푼 채 늘어져 있었고, 푸른색으로 변해 있었다. 그러나 세 번째 밧줄은 여전히 움직이고 있었다. 몸무게가 너무 가벼워서, 그 어린 아이는 아직도 살아 있었다…
그 아이는 생과 사의 투쟁을 하면서 삼십 분 이상 매달려 있었다. 우리가 지켜보는 가운데 고통을 서서히 느끼며 죽어가고 있었다. 우리는 그 아이의 얼굴을 똑바로 쳐다보아야만 했다. 내가 그의 정면을 지나갈 때도, 그는 살아 있었다. 그의 혀는 아직도 붉었고, 그의 눈동자는 아직 풀어지지 않았었다. 내 뒤에서 한 남자의 소리가 들려 왔다. "도대체 하나님은 지금 어디 계시는 거야?"
나는 내면에서 들려오는 대답을 들었다. "하나님은 여기 계시잖아. 여기, 이곳에-여기 교수대에 목매달려 계시잖아."

예수님은 지옥에 있는 우리에게 오셔서 우리와 함께 계신다

히틀러나, 그 무고한 어린아이를 엘리 위젤의 눈앞에서 교수형에 처한 나치 군인들과 같은 사람들이, 안으로부터 마음을 문을 걸어 잠그고 지옥을 선택한다면 어떻게 될까요? 하나님께서 하실 수 있는 일이 있을까요? 지옥에까지 내려오심으로써, 하나님은 지옥에 있는 우리조차도 치유하실 수 있습니다. 예수님이 지옥에 내려간 것(벧전 3:19)에 대한 일반적인 이해는 예수님이 오직 구원을 기다리는 의로운 영혼들에게 복음을 선포하시기 위해 지옥에 내려갔다는 것입니다. 그러나 「신 예루살렘 성경」(*New Jerusalem Bible*)에 의하면, 이러한 일반적 이해는 예수님이 에녹서에 언급된 쇠사슬에 묶인 악마와 노아의 시대에 믿기를 거부함으로 홍수의 심판을 받은 사람들에게도 찾아가셨다는 점을 간과한 것입니다.

신학자인 한스 우르스 폰 발타자르(Hans Urs von Balthasar)에 따르면, 교회에 의해 성 토요일로 기념되고 있는 예수님의 지옥에 내려감은 예수님과 죄인들 사이의 전적인 연대(solidarity)를 의미합니다. 죄인들을 향한 하나님의 무한한 사랑의 표현으로, 예수님은 십자가에서 죽기까지 자신을 스스로 죄인들과 동일시합니다. 외관상 하나님께 버림받아, 예수님은 "나의 하나님, 나의 하나님, 어찌하여 나를 버리시나이까?"라고 울부짖습니다. 이 순간 예수님은 그 어떤 사람보다도 더욱 처절하게 하나님의 부재라는 지옥을 경험합니다.

그리고 난 후, 성 토요일에 예수님은 또 다른 방식으로 죄인들과 함께 있기 위해 내려갑니다. 우리는 이것을 예수님이 지옥에 내려가셨다고 말합니다. 만일 우리가 지옥을 하나님께 마음의 문을 완전히 닫아버린 변경 불가능한 선택이라고 정의한다면, 지옥은 아마도 하나님이 계실 수 없는 장소일 것입니다. 그러나 예수님은 그 곳에 내려가서 하나님께 마음을 닫아버린 완강한 선택을 인정하지 않고, 오히려 우리를 최악의 상태에 내버려 둘 수 없다는 하나님의 완강한 사랑의 마음을 선포합니다. 폰 발타자르는 이렇게 말합니다.

그리고 정확히 그와 같은 방식으로, 그는 죄인이 선택했던 영원한 외로움을 뒤흔듭니다. 하나님과 분리되어 저주받기를 원했던 죄인은 그

가 선택했던 외로움 안에서 다시 하나님을 발견합니다. 즉 무시간(nontime)의 기간 동안에 스스로를 저주한 사람들과 연대를 맺기 위해 뛰어든 이해할 수 없는 사랑의 절대적 연약성 안에서 죄인은 하나님을 발견합니다. 이점에서 시편의 말씀인 "음부에 내 자리를 펼지라도 [주께서는] 거기 계시니이다"(시 189:8)은 완전히 새로운 의미를 갖게 됩니다.

사랑하는 친구나 가족은 자살의 충동에 사로잡힌 사람을 최악의 상태에 내버려두지는 않을 것입니다. 그들은 그가 스스로 목숨을 끊지 못하도록 하기 위해, 가능한 모든 방법을 동원하여 그의 지옥 안으로 들어가려고 할 것입니다. 마찬가지로, 예수님이 지옥에 내려가신 것은 우리가 스스로 선택한 파괴를 예수님은 내버려두지 않으신다는 뜻입니다. 성 토요일은 예수님의 사명이 무엇인가를 보여줍니다. 예수님의 사명은 필요하다면 우리의 지옥에 내려와서, 우리와 함께 계심으로 우리와의 연대를 실증해 보이는 것입니다. 예수님은 부활절에 주와 함께 부활할 수 있을 정도로 충분히 우리를 새롭게 하실 때까지 지옥에서 우리와 함께 계십니다.

자유 의지는 어떻게 된 것인가?

스스로 하나님을 거부한 사람들과 함께 있기 위해 예수님이 지옥에 내려온 것은 지옥에 있는 이들의 자유의지를 파괴시키는 것인가요? 아니면 사랑과 치유의 현존을 통해서 예수님은 그들의 자유의지를 회복시키는 것인가요? 자유의지는 종종 하나님께 "예" 혹은 "아니요"를 말할 수 있는 능력으로 정의되었습니다. 그러나 칼 라너(Karl Rahner)와 일련의 신학자들은 자유의지를 하나님과 같은 방식으로 선택할 수 있는 능력이라고 정의합니다. 그러므로 참으로 자유로운 사람은 역설적으로 오직 선한 것만을 선택할 수 있다는 것입니다. 하나님께 "아니요"라고 말하는 것은 자유의지의 표식이 아닙니다. 그것은 오히려 진정으로 자유롭게 되기 위해서 아직도 치유를 필요로 하고 있다는 것을 나타내는 표식입니다. 치유를 받고 온전히 자유롭게 된 사람은 예수님이 그러셨던 것처럼 하나님께 오직 "예"라고만 말할 수 있습니다. 그러므로 라너의 견해를 요약하면서, 존 삭스(John Sachs)는 다음과 같이 말합니다.

> …단순하고 가장 근본적인 측면에서 보면, 인간의 자유는 하나님을 선택하는 능력입니다. 하나님이냐 아니면 하나님 외의 어떤 것이냐를 선택하는 능력이 아닙니다. 인간의 자유는 오직 하나의 목적, 즉 하나님을 위해 창조된 것입니다. 오직 하나님만이 최종적으로 인간이 누구인가를 "정의"합니다. 그러므로 인간의 자유는 그것이 창조된 특별한 목적에 도달할 때에만 비로소 참된 완성을 획득할 수 있습니다.

하나님의 씨앗

마이스터 에크하르트(Meister Eckhart)는 하나님의 씨앗을 이렇게 표현했습니다:

하나님의 씨앗은 우리 안에 있습니다.
    지금
        배나무의 씨앗은
            배나무로 자라갑니다;
        개암나무의 씨앗은
            개암나무로 자라갑니다;

하나님의 씨는
    자라갑니다
        하나님으로

"하나님은 아버지입니다; 아니, 그 이상입니다. 하나님은 어머니이기도 합니다" -요한바오로 I

나(데니스)는 때때로 하나님 이미지를 자녀 학대자로부터 자녀를 사랑하는 분으로 변화시키지 않으려고 저항했습니다. 처음에 나는 이 저항을 나의 신학을 바꾸는 것에 대한 저항으로 생각했으나, 사실은 나의 인격을 변화시키는 것에 대한 저항이었음을 알게 되었습니다.

첫째로, 성경을 문자적으로 읽는 것을 멈추고 성경의 이미지와 상징들을 음미하기 위해서는, 나의 사고 능력을 이전 보다 덜 의존하는 대신에 덜 개발된 감성을 보다 더 의존할 필요가 있었습니다. 둘째로, 회개치 않은 죄인들을 향한 하나님의 사랑과 은혜는 획득되는 것이 아니라 값없이 주어지는 선물이라는 사실을 깊게 느끼기 위해선, 나는 항상 다른 사람들을 위해 무언가를 충동적으로 '행하는'(doing) 것 대신에 다른 사람들로부터 '받는'(receiving) 것에 더욱 편안해져야만 했습니다. 요컨대, 나는 나의 심각하게 뒤틀린 남성적 가치관에다 여성적 가치관을 도입하여 이 둘을 통합해야 할 필요가 있었습니다.

나는 뒤틀린 남성으로 자랐습니다. 나는 유능했고, 외부 세계에서 어떤 일들을 해내는 것, 경쟁하는 것, 그리고 나의 환경을 지배하는 것에 능숙했습니다. 나는 외적 권위 기관들이 모든 해답을 지니고 있다고 믿었습니다. 천국과 지옥은 "외부 그 어딘가"에 존재하는 장소들이었습니다. 많은 남성들처럼, 나는 외부 세계로 집중되어 있었습니다. 나는 있는 그대로 무언가를 돌보는 것, 상호성, 자신의 감정들을 경험하는 것과 몸으로 체득한 지혜 등과 같은 여성적 가치들에는 능숙하지 못했습니다. 나는 진리가 내부에서도 발견될 수 있다는 사실을 몰랐습니다. 그리고 천국과 지옥이 하나님, 나 자신, 타인들, 그리고 전 우주와 나를 연결시키거나 단절시키는 수단이라는 내적 의미를 지닌다는 사실을 몰랐습니다. 나는 내면의 세계라는 여성적 영역과는 완전히 거리가 먼 사람이었습니다.

보다 더 균형 잡힌 인간이 되기 위해서는, 나의 여성적 측면을 개발시킬 필요가 있습니다. 여성적 측면의 개발을 위해서는, 나는 하나님이 하나님 어머니도 되신다는 것을 알 필요가 있었습니다. 하나님을 위한 모든 용어들은 비유입니다. 하나님은 문자적으로 아버지가 아닙니다. 만일 하나님이 아버지 같은 분이시라면, 하나님은 또한 어머니 같은 분이시기도 합니다. 남성과 여성, 사랑이 넘치는 어머니와 아버지는 우리들에게 하나님의 이미지를 동등하게 비추어 주고 있습니다(창 1:27). 왜 이 사실이 그토록 중요한 것일까요?

우리가 우리의 부모님들처럼 되어가듯이, 우리는 또한 우리가 경배하는 하나님처럼 되어갑니다. 만일 우리가 오직 아버지에 의해서만 양육되고 어머니를 알지 못한다면, 우리의 여성적 측면은 미성숙하게 되기 쉽습니다. 마찬가지로, 우리가 단지 하나님 아버지만을 알고 하나님 어머니를 알지 못한다면, 우리의 여성적 측면은 미성숙하게 될 가능성이 많습니다. 그리고 우리의 감성적 생활과 영적인 생활은 나의 경우처럼 왜곡된 남성적 모습만을 지니게 될 것입니다.

그러나 쉴라나 힐다와 같은 사람들이 하나님의 여성적 측면을 내게 소개시켜줌으로 나는 변화되고 있습니다. 회개치 않은 아들을 끌어안음으로써, 힐다는 요한 바오로 2세가 '라하밈'(*rahamim*), 혹은 하나님의 모성적 측면에서 나오는 애정이 넘치는 긍휼(compassion)이라고 일컬은 것을 체현하였습니다. '라하밈'의 어근은 히브리어 명사인 '레헴'(*rehem*)이며, "태"(womb) 혹은 "자궁"(uterus)을 의미합니다. 이러한 어머니의 태와 같은 하나님의 사랑은 이사야 49:15에 표현되어 있습니다. "여인이 어찌 그 젖 먹는 자식을 잊겠으며 자기 태에서 난 아들을

하나님은 아버지 입니다; 아니 그 이상입니다. 하나님은 어머니이기도 합니다

긍휼히 여기지 않겠느냐 그들은 혹시 잊을지라도 나는 너를 잊지 아니할 것이라." 그러한 태의 사랑(womb-love)은 본능적 에너지입니다. 머리를 거쳐서 나오지 않으며, 우리 자신의 결정이나 공로와는 아무런 상관이 없습니다. 힐다의 사례처럼, 그러한 사랑은 내적 필요로부터 발생합니다. 참된 엄마는 "아이를 사랑하지 않을 수 없습니다." 달리 말하면, 하나님이 그 어떤 아버지보다 참된 아버지인 것처럼, 하나님은 또한 그 어떤 어머니보다 참된 어머니이십니다.

힐다의 마음 속 가장 깊은 곳에서 솟아오르는 움직임(movement)은 자녀를 향한 태의 사랑이었습니다. 그녀가 자녀를 향한 태의 사랑이 하나님의 사랑의 표현이라는 것을, 그리고 아들을 끌어안고 싶은 그녀의 열망이 하나님의 열망이라는 것을 발견했을 때, 그녀는 나에게 하나님의 여성적 측면을 소개해주었고 또한 하나님을 여성적 방식으로 인식하는 법을 가르쳐 주었습니다. 외부 세계에 중점을 두는 나의 남성적 측면은 하나님을 인식하는 방식에도 영향을 미쳤습니다. 나는 주로 "외부의 어떤 곳"에서 발견되는 초월적 하나님만을 알았습니다. 나의 하나님은 그 어떤 사물이나 사람도 능가하는 전능하신 분이셨습니다. 나는 하나님이 "왕"과 "주"로 언급되는 찬송가들을 부르며 성장했습니다. 이 하나님은 항상 나의 변화와 성장을 요청했습니다. 반면에, 힐다의 내면 세계와의 접속은 나에게 마음의 가장 깊은 움직임들 안에 살아 있는 내재하시는 하나님을 드러내보여 주었습니다. 이 하나님은 고치거나 변화하라고 요구하지 않으시며 나를 있는 그대로 사랑하십니다. 내 안에 있는 남성성이 여성성에 의해 균형 잡히지 않았다면, 그 남성성은 아름다움과 강함을 지닌 참된 남성성이 되지 못한 채 만화에 등장하는 우스꽝스러운 모습이 되었을 것입니다.

하나님의 양면을 지니고 있지 않을 때, 나는 쉽게 남성적 존재 방식에 고착됩니다. 그러한 고착의 증후군 중 하나는 "하나님은 틀림없이 힐다의 아들을 지옥에 보낼 거야"라고 생각하는 것입니다. 이러한 사고는

승자와 패자가 분명하게 드러나는 지배, 통제, 경쟁 등을 과도하게 강조하는 불균형 잡힌 남성적 존재 방식을 하나님의 탓으로 돌리게 만듭니다.

우리가 남성성만을 지닌 하나님을 알고 있는 한, 그로 인해 나에게 발생했던 문제들이 우리의 문화나 교회에도 똑같이 발생하게 될 것입니다. 우리의 문화나 교회 역시 지배와 경쟁의 가치에 의해 좌우되게 될 것입니다. 그리고 여성을 가치절하하면서 우리의 여성적 측면을 개발하지 않는다면, 우리는 우리 자신과 타인의 내적 삶을 소중하게 가꾸거나 존중하려 하지 않을 것입니다. 지배와 통제가 좋은 것이라고 말하는 작금의 문화를 신뢰하는 한, 우리는 오직 남성성만을 지닌 하나님 이미지를 강화시켜나갈 것입니다.

우리의 하나님 이미지를 변화시키는 것이 왜 그토록 중요한가?

우리의 하나님 이미지를 변화시키는 것이 왜 그토록 중요합니까? 그 이유는 우리가 내세의 삶의 모습을 알고 있기 때문이라기보다는 숭배하는 그 하나님을, 즉 우리가 지닌 그 이미지의 하나님을, 우리 스스로 닮아가기 때문입니다. 이는 많은 연구를 통해서 우리 삶의 여러 측면에서 사실로 입증되었습니다. 결혼 생활을 예로 들어봅시다. 부부가 하나님을 연인으로 경험하면 할수록, 그들은 더욱 더 건전하고 사랑이 넘치는 결혼생활을 누리게 됩니다. 앤드류 그릴리(Andrew Greeley)는 이러한 건강함이 성적 만족을 포함한 결혼생활의 모든 영역으로 확장된다는 것을 발견했습니다. 데이빗 나이그렌(David Nygren)과 미리암 우케리티스(Miriam Ukeritis)의 연구도 같은 결론에 도달했습니다. 그들은 독신의 수도자들 중에서 가장 타인을 잘 돌보는 수도자들과 반대로 가장 잘 돌보지 않는 수도자들을 선택하여 연구했습니다. 이 연구는 돌보는 치유자로서의 하나님 이미지를 지닌 수도자의 수가 전자의 그룹에 네 배나 더 많이 있다는 것을 보여주었습니다. 앤드류 그릴리는 또한 하나님을 연인으로 경험하는 사람일수록 사회정의의 문제에 더욱 민감하다는 것을 발견했습니다.

앞서 언급한 것처럼, 단지 세계의 평화뿐만 아니라, 모든 사회정의의 문제들이 우리의 하나님 이미지에 의해 영향을 받습니다. 가령, 가톨릭 주교들이 최근에 경제에 관한 목회서신을 공포했습니다. 그 서신은 부와 상품은 일의 대가라는 기준에 의해서만 분배될 수 없으며, 오히려 필요라는 기준에 의해서도 분배되어야 한다는 주장을 담고 있습니다. 그러나 만일 우리가 공로를 정확히 계산해서 영원한 상벌을 결정하는 복수심 가득한 처벌의 하나님이라는 이미지를 가지고 있다면 어떻게 되겠습니까? 이런 경우, 우리는 아마도 공로에만 기반을 둔 경제제도를 선택할 것입니다. 그리고 필경 너무나 쉽게 가난한 이들에게 "지옥에나 가거라. 이 재물은 우리가 번거야!"라고 말할 것입니다. 그러나 하나님이 단지 한 시간만 일한 사람들(마 20:1-6)에게도 관대하게 값없이 선물을 주는 연인과 같은 분이라면, 그리고 그들이 필요로 한다는 이유만으로 회개치 않은 죄인들에게조차도 값없이 선물을 주는 분이라면, 우리들은 아마도 공로보다는 필요에 더욱 기초한 경제제도를 선택할 것입니다.

마찬가지로, 만일 우리가 사람들을 영원히 포기하여 영원한 지옥의

우리의 하나님 이미지를 변화시키는 것이 왜 그토록 중요한가?

형벌을 명함으로써 사람들을 멸하시는 하나님을 믿는다면, 우리 또한 어떤 사람들을 영원히 포기하여 사형을 언도함으로 그러한 사람들을 없애버릴 수 있습니다. 그러나 하나님이 포기하지 않으신다면, 우리 또한 사형이나 혹은 우리를 위협하는 사람들을 영원히 포기하도록 유혹하는 또 다른 제도들에 대해 의문을 제기할 수 있습니다.

우리 사회가 무엇에 중독되어 있든지, 그것이 평화와 긍휼에 반하는 폭력과 보복이든지, 혹은 나눔에 반하는 재물의 축적이든지, 우리는 보통 우리가 숭배하는 그 하나님의 속성으로 여겨지는 것들을 그대로 모방하여 중독됩니다.

지옥에 대한 두려움이 중독과 부정적 행동들을 야기하는가?

　우리는 익명의 알코올 중독자들(Alcoholics Anonymous)이란 모임의 창설자 중 한 사람인 빌 윌슨(Bill Wilson)이 맨 처음 술을 입에 대기 시작한 이유와 똑같은 이유로 중독—일, 돈, 흡연, 술, 혹은 자기 의, 등등—에 빠지게 됩니다. 그 이유는 바로 소속감을 상실한 고통을 잊기 위해서입니다. 술을 처음으로 입에 대기 전부터 사회적응을 잘 하지 못한 지옥에 대한 두려움이 중독과 부정적 행동들을 야기하는가?

빌 윌슨은 소속감을 상실한 고통을 잘 알았습니다. 그의 생활은 파티의 연속이었습니다. 그는 파티에서 "처음으로 소속감을 느끼게 되었다"고 말합니다. 그리고 빌은 17년 동안 폭음을 하면서, 처음에 술을 마셨을 때 느꼈던 소속감을 재차 느껴보려고 노력합니다. 마침내 39세가 되었을 때, 빌은 알코올 중독으로 감치되어야 할 상황에 이르게 됩니다. 빌은 울부짖으며 하나님께 도움을 요청합니다. 그러던 어느 날 빌은 갑자기 자신의 방이 빛으로 가득 차는 경험을 합니다. 그는 정말로 바다와 같은, 살아 있는 영의 임재를 느낍니다. 빌은 이 경험을 묘사하면서, 그가 처음으로 술을 마셨을 때의 느낌을 묘사했던 용어들을 거의 똑같이 사용합니다: "처음으로 저는 소속감을 참으로 느끼게 되었습니다." 그 후 빌은 다시는 술을 입에 대지 않습니다. 소속감을 느끼고 싶을 때 그가 할 수 있었던 최선의 방법은 술을 마시는 것이었습니다. 그래서 그는 술을 마시기 시작했던 것입니다. 그러나 그는 사랑의 하나님을 경험함으로 회심하였습니다. 소속감을 느낄 수 있는 더 좋은 방법을 알게 되었을 때, 빌은 술을 끊었습니다. 모든 중독의 밑바탕에는 소속감의 상실이 자리 잡고 있습니다. 모든 중독은 (혹은 충동적인 부정적 행동은) 우리 자신이나, 타인이나, 하나님과 우주에 대한 소속감을 느낄 수 있는 방식으로 시작됩니다. 중독으로부터 해방되는 길은 소속감을 느낄 수 있는 보다 나은 방식을 발견하는 것입니다.

만일 우리를 지옥에 보낼 수 있고, 복수심에 가득 차서 천국에 속할 수 없는 자들을 분류하는 하나님의 이미지를 우리가 지닌다면, 우리는 훨씬 더 중독된 사람들이 되기 쉽습니다. 치료 센터들은 이런 중독의 순환주기를 잘 압니다. 로버트 스터키(Robert Stuckey) 박사는 자신이 맡은 회복실 병동에서 20,000명 이상의 중독 환자들을 치료했습니다. 그는 벌을 주는 무서운 하나님 이미지를 지닌 중독자들의 치료율이 훨씬 저조하다는 것을 발견했습니다. 그는 아주 엄한 하나님의 이미지를 지닌 중독자들이 아무런 종교적 훈련을 받지 않은 사람들 보다 더 힘든 치료의 과정을 거친다는 결론을 내립니다. 빌 윌슨은 회복과정 중에 우리의 하나님 이미지가 수차례 바뀌는 것이 일반적이라고 말합니다. 그러나 일단 소속감을 주는 하나님을 발견하게 되면, 그 이후로는 우리의 모든 것들이 정상상태로 회복될 것이라고 윌슨은 결론내립니다.

치유는 징벌이 아니라 오직 사랑에 의해서만 가능하다

치유가 하나님을 자비롭고 사랑이 넘치는 분으로 아는 것에 핵심적으로 달려 있다고 언급할 때, 우리가 흔히 받는 질문은 "하나님이 그처럼 자비롭고 사랑이 넘친다면, 우리가 선할 필요가 어디 있겠는가?"라는 것입니다. 저(데니스)는 이 질문을 충분히 이해합니다. 왜냐하면 나의 많은 선한 행동들도 바로 복수의 징벌을 하는 하나님을 두려워한 데서 기인했기 때문입니다. 가령, 양과 염소들에 관한 마태복음 25장을 읽습니다. 나는 이 구절을 문자적으로 이해하여, 양들은 천국에 가고 염소들은 지옥에 가기 때문에 내가 양이라는 확신을 갖기 원합니다. 이러한 두려움의 동기에서 출발하여, 좋은 양의 확신을 갖기 위해 나는 환자들을 방문하고 굶주린 자들에게 먹을 것을 주는 것과 같은 선한 일들을 많이 행했습니다. 그러나 나의 하나님 이미지가 변화되고 난 후, 나는 좋은 일들을 이전보다 더 많이 행했습니다. 더욱 중요한 것은 두려움에서가 아니라 더 큰 사랑으로 행할 수 있었습니다. 두려워하는 이들을 위해서가 아니라 가장 사랑하는 이들을 위해서 우리는 가장 큰 사랑의 행위들을 합니다. 나는 그 어떤 사람들보다도 쉴라와 매트를 위해서 더 큰 사랑을 실천합니다.

우리는 지옥의 두려움이나 사랑의 상실에 대한 두려움을 사용하여 사람들에게 겁을 주어서 그들의 행동을 변화시킬 수 있습니다. 사실, 위급한 상황에서는 때때로 두려움도 사용될 수 있을 것입니다. 예를 들면, 가족들이 알코올 중독의 아버지에게 변화하지 않는 아버지의 행동으로부터 자신들을 보호하기 위해 아버지의 곁을 떠나겠다고 말할 수 있을 것입니다. 소속감을 상실한 채 혼자 남게 된다는 아버지의 두려움을 이용하여, 이 가족들은 알코올 중독

제1부 | 우리의 하나님 이미지 치유하기

자인 아버지를 치유하고자 한 것입니다. 그러나 그 알코올 중독자인 아버지의 두려움이 깊은 소속감과 사랑의 감정으로 대치되지 않는 한, 그의 알코올은 다른 것들로 대치되어 그 아버지는 또 다른 중독에 빠지게 될 것입니다. 두려움을 통해서는 단지 일시적으로 사람의 행동을 변화시킬 수 있을 뿐입니다. 그러기에 오직 사랑과 소속감만이 사람을 궁극적으로 변화시킬 수 있습니다.

나(쉴라)는 유대교 전통에서 자라났습니다. 우리는 "지옥의 두려움"

을 배우지 않았습니다. 내가 속했던 유대인 공동체에서는 사람에게 겁을 주어서 선하게 만들려고 한 적이 없습니다. 비록 상처를 입었고 불완전해도, 사람들은 본성적으로 착하다고 배웠습니다. 만일 사람들이 좋지 않은 어떤 것을 행했다면, 그것은 단지 그들이 상처를 입었고 겁을 먹었기 때문입니다. 이러한 겁을 먹은 사람들이 필요로 하는 것은 더 많은 두려움이 아니라, 오히려 우리들의 더 많은 사랑과 관심이라는 것을 알게 되었습니다. 사랑하지 않는 행위는 바람직하지 않습니다. 사랑하지 않는 행위를 영구히 치유하는 것은 사랑이지 두려움이 아닙니다. 빌(Bill W.)이 말한 것처럼 말입니다.

"징벌은 결코 치유하지 못합니다. 오직 사랑만이 치유할 수 있습니다."

우리는 모두 착한 염소들입니다

서너 해 전에, 우리는 이 책에 담긴 주제들 중 몇 가지를 은퇴한 가톨릭 간호사들로 구성된 그룹에서 발표했습니다. 한 자매가 손을 들어 질문했습니다. "그러나 성경에 나온 양과 염소의 이야기는 어떻게 된 것입니까? 거기서는 분명히 양들은 천국에 가고 염소들은 지옥에 간다고 말하고 있습니다."

데니스는 전체 그룹에게 질문을 함으로써 대답을 했습니다. "여러분 중에 단 한 번이라도 예수님께서 말씀하신 것, 즉 굶주린 이에게 먹을 것을 주고 헐벗은 이에게 입을 옷을 주거나 감옥에 갇힌 자를 방문해 본 적이 있는 분들은 몇 분이나 되십니까?" 모든 자매들이 손을 들었습니다. 데니스는 말했습니다. "정말 좋습니다. 여러분은 모두 양입니다." 그리고 그는 물었습니다. "여러분 중에 단 한번이라도 굶주린 이를 모른 체 하였거나, 헐벗은 이에게 입을 옷을 주지 않았거나, 감옥에 갇힌 자를 방문해 보지 않은 적이 있는 분들은 몇 분이나 되십니까?" 모든 자매들이 천천히 손을 들었습니다. 데니스는 말했습니다. "저런, 안됐군요. 여러분은 모두 염소입니다."

그러자 자매들은 염려에 차서 당혹해 했습니다. 그러던 중 매우 연로한 자매가 갑자기 손을 번쩍 들었습니다. 그리고 불쑥 말했습니다. "아! 알겠다. 우리 모두는 착한 염소들이야!"

그 자매는 깨달았습니다. 천국과 지옥에 대한 언어가 상징적 언어라는 것을 이해한 것입니다. 천국과 지옥은 특정한 지리적 장소들이 아닙니다. 그것들은 내적 실재들(inner realities)과 존재의 상태들(states of being)에 대한 상징입니다. 우리들 중에서 소외, 사랑받지 못함, 수치심에 압도됨, 중독에 빠져 무력감에 사로잡힘과 같은 것들을 경험해본 사람들은 지옥에 있다는 것이 어떤 것이라는 것을 압니다. 우리 모두는 우리 안에 알곡과 가라지, 양과 염소를 모두 포함하고 있습니다. 하나님의 나라는 우리 안에 있습니다. 우리는 모두 착한 염소들입니다.

우리의 하나님 이미지를 변화시키는 간단한 방법

아마도 우리의 하나님 이미지를 변화시키는 가장 손쉬운 방법은 일분 정도 시간을 내어서 다음의 것들을 해보는 것입니다.

1. 마음 속 깊이 하나님의 사랑을 느껴보십시오.
2. 그 사랑에 걸 맞는 미소를 지어보십시오.
3. 당신을 사랑하는 사람에게 그 미소를 보내십시오. 그리고 이번에는 그 사람이 당신에게 미소를 보내는 것을 허락하십시오.

우리를 사랑하는 사람의 미소를 받아들이는 것은 쉽고 단순한 일입니다. 그러나 그것이 우리 인생에서 가장 좋은 치료제 중 하나입니다. 우선 하나님은 적어도 우리를 가장 사랑하는 사람들만큼은 우리를 사랑하신다는 사실을 우리가 알기만 해도, 우리 친구의 미소는 우리를 치유할 수 있습니다.

2부

질문들과 응답들

여러분들은 이 책을 읽으면서 많은 질문들을 갖게 되었을 것입니다. 우리가 이 책의 내용들을 피정에서 발표했을 때에도 많은 사람들이 질문을 했습니다. 그중에서 가장 빈번하게 제기되었던 질문들을 모아 제2부에 수록했습니다. 우리는 그 질문들을 1부에서 다루어진 소제목들을 기준으로 분류하여, 그 소제목들 항목 아래 배치하였습니다.

이 책은 그 누구도 완벽하게 알 수 없는 위대한 신비에 관한 것입니다. 그러므로 아래의 각 질문들에 대해 다양한 대답이 주어질 수 있습니다. 우리의 시도는 유일한 바른 답을 제시하고자 한 것이 아닙니다. 다만, 기독교 교리에 적합한 하나의 답을 제시하고자 최선을 다한 것입니다. 우리의 시도가 여러분들을 고무시켜 여러분 스스로 이러한 질문들을 숙고하게 함으로써, 아마도 여러분이 우리의 답과는 다른 답에 도달하게 되기를 우리는 소망합니다.

성경에 기록된 복수심 가득한 징벌들은 어떻게 된 것인가?

질문: 성경을 단지 문자적으로만 읽어서는 안 된다면, 성경을 이해하기 위해서 신학자가 되어야 한다는 뜻입니까? 성경 구절이 진정으로 무엇을 의미하는지 어떻게 알 수 있습니까?

우리 자신이 신학자가 될 필요는 없습니다. 그러나 사랑의 행위를 하도록 도움을 주었던 성경 해석에 대한 우리 자신들의 경험을 깊이 성찰해볼 필요가 있습니다. 우리가 성경 구절을 (혹은 파티마[Fatima]나 메주고리예[Medjugorje]에서 주어진 것들과 같은 개인적인 계시들을) 적절하게 이해하고 있는 지의 여부를 알 수 있는 하나의 방법은 열매를 통해 우리의 해석을 판단하는 것입니다. 가장 중요한 열매는 사랑이기 때문에, 우리는 자문할 수 있습니다. "나를 사랑하는 어떤 사람이 나를 가장 사랑할 때, 그는/그녀는 이런 방식으로 행동하겠는가?" 그리고 기독교의 핵심은 복음(복된 소식)이기 때문에, 우리는 또한 자문할 수 있습니다. "그것은 복음인가?" 만일 이 질문들에 대한 대답이 "예"라면, 우리는 아마도 그 성경 구절을 적절하게 이해한 것입니다. 만일 "아니요"라면, 우리는 아마도 실제로는 이미지로 의도된 일부의 구절들을 문자적으로 받아들임으로써 잘못 이해한 것입니다.

지난 수 세기에 걸쳐 위의 질문들에 바르게 응답하지 못함으로써, 우리는 종종 성경을 문자적으로만 해석하게 되었습니다. 이것은 많은 폐해를 낳았습니다. 예를 들면, 1442년 플로렌스 공의회에서 모든 유태인들이 지옥에 간다고 결정한 것, 갈릴레오의 감금, 노예제도를 지지한 것들입니다. 종교재판소의 설립을 위한 성경적 근거는 "사람이 내 안에 거하지 아니하면 가지처럼 밖에 버리워 말라지나니 사람들이 이것을 모아다가 불에 던져 사르느니라"(요 15:6)는 말씀의 문자적 해석이었습니다. 또 다른 예는 교황 알렉산더 6세의 경우입니다. 그는 마태복음 28:18 "하늘과 땅의 모든 권세를 내게 주셨으니"라는 말씀을 문자적으로 받아들여 자신에게 적용했습니다. 그 결과 알렉산더는 모든 인간에 대한 법적 관할권을 자신이 지녔다고 생각했습니다. 그래서 그는 지구의 절반을 포르투갈에게, 나머지 절반을 스페인에게 할당해 준 것입니다.

질문: 징벌을 언급한 성경 구절들을 문자적으로 해석하지 말아야 한다면, 잘못된 행동을 한 어린아이들이나 사람들도 결코 처벌해서는 안 된다는 것입니까?

"우리를 사랑하는 사람들은 결코 우리를 처벌하지 않습니다"라고 말할 때, 처벌이 지칭하는 바는 복수의 처벌입니다. 우리는 결코 "치료를 위한 처벌," 혹은 많은 사람들에게 처벌은 폭력을 암시하기 때문에 보다 더 나은 용어로는 "교정"(correction)이나 "안내"(guidance)를 배제하는 것이 아닙니다. 교정이나 안내의 차원에서는, 육체적으로나 정서적으로 기진해 있는 어린아이에게 처벌이 아니라 교정을 위한 조직화된 틀(structure)이 제공됩니다(예를 들면, 지쳐있거나 소란을 피우는 아이는 방으로 보내 잠을 자도록 하는 것입니다). 그리고 아이에게 자신의 행위의 결과에 대해 책임을 지도록 요청합니다(가령, 자신의 부주의로 다른 사람의 물건을 손상시켰다면 스스로 배상하도록 요청하는 것입니다). 이러한 치료를 위한 처벌은 사랑으로 행하는 것이며, 그 아이가 더욱 사랑하고 사랑받는 존재가 되도록 하는 데에 목적이 있습니다. 반면에, 복수의 처벌은 사랑으로 행하는 것이 아닙니다. 그것은 그 어떤 사람도 더욱 사랑하고 사랑받는 존재로 만들 수 없습니다.

질문: 좋은 부모님들은 자녀들에게 공갈 협박을 하지 않습니다. 하나님께서 말씀하신 것은 그 말씀 그대로의 의미가 아닙니까?

앞서 언급한 것처럼, 예수님 당시에는 과장법이 일상적인 표현 양식이었습니다. 예수님이 복수의 처벌로 위협한 것 같은 방식으로 말씀하실 때, 당시의 청중들은 예수님의 말씀이 문자적으로 그들에게 발생하게 될 것이라는 위협이나 예언이 아니라는 것을 잘 이해했을 것입니다. 오히려, 그러한 말씀들은 경고로서 우리를 일깨워서 파괴적 행동을 단념하게 만드는 의미를 지닙니다.

질문: 하나님이 결코 복수심 가득한 징벌을 하지 않는 참으로 자녀를 사랑하는 분이시라면, 어떻게 우리는 잔인함과 사랑이 혼재된 하나님의 이미지를 지니게 되었을까요?

하나님은 잔인함을 통해서 사랑을 표현하는 분이라는 우리의 정신분열적인 하나님 이해는 우리 자신의 정신분열적인 자녀양육 방식과 연관이 있습니다. 전자는 후자의 원인과 결과 모두가 될 수 있습니다. 앨리스 밀러(Alice Miller)는 다음과 같이 서술했습니다.

> "매를 아끼는 자는 자신의 아들을 미워하는 자다. 그러나 아들을 사랑하는 자는 그 아들을 열심히 훈육한다"는 잠언의 말씀이 있다. 이 지혜는 오늘날에도 여전히 널리 퍼져 있어 종종 다음과 같은 말을 듣게 된다: 사랑으로 찰싹 때리는 것은 자녀에게 아무런 해가 되지 않는다
>
> …만일 사람들이 잠언의 권면을 어려서부터 들어 익숙하지 않았다면, 사람들은 그 말이 옳지 않다는 것을 금방 알았을 것이다. 잔인함이란 사랑의 반대이다. 그리고 만일 잔인함이 사랑의 표현으로 행해진다면, 그 잔인함이 초래하는 정신 병

리적 영향은 둔화되는 것이 아니라 오히려 강화된다…그 누구도 사랑으로 자녀를 찰싹 때리지는 않는다. 오히려 그러한 상황들을 살펴보면, 아이들은 방어할 수 없는 상태에서 맞을 뿐만 아니라, 그 맞음을 사랑의 표시로 해석하도록 강요받고 있다는 것을 알 수 있다…

만일 어머니가 자녀를 때리는 순간에 사랑을 잃었었으며, 자녀와는 상관없는 다른 감정들의 지배를 받았다고 자녀에게 솔직하게 말할 수 있다면, 그 자녀의 머리는 혼란스럽지 않은 맑은 상태로 유지될 것이며, 그 자녀는 존중받고 있다는 느낌을 갖게 될 것이고, 어머니와 좋은 관계를 유지하게 될 것이다.

여러분 자신의 어린 시절 경험을 떠올려 보면 도움이 될 것입니다. 어린 시절의 경험은 우리의 하나님 이미지에 심대한 영향을 미칩니다. 만일 우리가 어린 시절에 잔인함과 학대(abuse)를 경험했다면, 심지어 "매를 아끼면…"이라는 금언을 믿는 부모님들에 의해 좋은 의도로 행해진 것이라 할지라도, 우리는 잔인함과 학대를 행하는 하나님 이미지를 갖게 되기 쉽습니다. 학대하는 부모를 지닌 아이들은 종종 그 부모들을 변호하고 그들의 품으로 되돌아가곤 합니다. 그 이유는 그들이 유일한 부모이기 때문입니다. 마찬가지로, 우리 또한 학대하는 하나님의 이미지를 변호하고 그 이미지의 하나님께로 되돌아가는 경향이 있습니다. 사실, 학대의 순환(cycle)의 본질이 그러합니다. 부정의 단계를 넘어서서 학대 받은 자신의 고통을 직면하지 않는 한, 우리는 이러한 학대와 잔인함을 타인에게 전가할 것이며, 학대하는 하나님의 이미지는 종종 그러한 전가를 정당화하는 도구로 사용될 것입니다.

복수심 가득한 징벌에 대한 예수님의 응답

질문: 우리가 지닌 복수심 가득한 하나님의 이미지를 변화시키는 것이 예수님의 사명이었다고 주장하는 당신의 근거는 무엇입니까?

누가복음 4:14-19은 예수님이 나사렛 회당에서 이사야 61:1-2을 인용하여 자신의 사명을 선포한 것이라고 대부분의 성서학자들은 동의합니다. 그런데 예수님의 사명 선포가 있은 후, 왜 청중들은 예수님을 산 낭떠러지로 끌고 가 밀쳐 떨어뜨리려고 할 정도로 분노하였을까요(눅 4:30)? 그 유대인 청중들은 메시아가 로마인들, 시돈인들, 시리아인들, 즉 자신들을 제외한 모든 사람들에게 복수하기를 원했습니다. 그러나 이사야서를 인용하실 때, 예수님은 원수들에 대한 하나님의 복수를 언급한 61:2을 제외한 것입니다. 대신에 로마인들, 시돈인들, 시리아인들, 즉 모든 사람들에게 하나님의 은총이 임할 것임을 선포하였습니다. 예수님은 유대인 청중들을 화나게 한 것입니다. 왜냐하면 예수님은 복수심 가득한 징벌의 종결을 선포하면서, 하나님의 은총이 의로운 자나 불의한 자 모두에게 임하는 메시아의 통치를 선포하셨기 때문입니다. 로버트 쥬이트(Robert Jewet)가 설명한 것처럼, 하나님의 복수에 관한 말씀을 인용에서 제외시킬 뿐만 아니라 복수의 전통과 반대되는 입장을 취함으로써, 예수님은 그 당시에 우세했던 성경의 문자적 해석을 어겼던 것입니다.

하나님의 이만년 동안의 토라짐

질문: 안셀름의 구원에 관한 신학에 의문을 제기하면서, 당신은 예수님께서 우리를 위해 십자가에서 죽으실 필요가 없었다고 말하는 것입니까?

아닙니다. 우리가 말하는 바는 예수님께서 사랑이 부족한 하나님께 대가를 지불하기 위해 십자가를 짊어진 것이 아니라는 것입니다. 오히려 예수님은 하나님의 사랑이 끝이 없다는 것을 우리에게 확증하시기 위해 죽으신 것입니다. 즉 죽음마저도 우리를 위한 하나님의 사랑을 제한하지 못한다는 것을 확증한 것입니다(롬 5:6-8). 제임스 버트캘(James Burtchaell)은 이렇게 말합니다. "예수님의 사명은 하나님 아버지 앞에서 우리의 이익을 대변하는 것이 아니라, 오히려 하나님의 무한한 사랑을 우리에게 드러내 보이는 것입니다. 중보는 위에서 밑으로 향하는 것입니다. 마음이 딱딱하여 마음을 얻기가 어려운 대상은 하나님이 아니라 바로 우리인 것입니다."

12세기에 아벨라드(Abelard)는 안셀름과 다른 견해를 피력했습니다. 조셉 캠블(Joseph Campbell)은 아벨라드의 견해를 이렇게 설명합니다. "십자가상의 예수님의 죽음은 속전(ransom)의 지불이나 벌금을 무는 것이 아니라, 오히려 온 인류와 하나됨(atonement: at-one-ment)의 행위인 것입니다." 인생의 고난과 하나됨(at-one)으로써, 예수님은 인간의 긍휼(compassion)의 감정을 불러일으킵니다. 예수님의 십자가는 서로 서로 긍휼의 마음을 지니고 살아가도록 우리를 초대하고 있습니다.

하나님은 검사인가 변호사인가?

질문: 어려서부터 하나님은 내게 검사처럼 느껴졌습니다. 만약 하나님이 참으로 변호사 같다면, 검사와 같은 하나님이란 생각은 어디서 온 것일까요?

신약성경이 기록되기 오래 전, 고전 헬라어인 '파라클레토스'(*parakletos*)는 "함께 소집된 사람"이라는 의미를 지녔으며, 법률적 측면에서는 변호사를 지칭할 때 사용되었습니다. 일부 영어 번역판들은 파라클레토스의 이러한 의미를 살리기 위해 옹호하다(advocate)로 번역하였습니다. 변호사로서의 하나님 개념은 초대 교회에서 중심적인 것이었습니다. 초대 교회에서는 사랑과 정의가 혼합되어 하나님의 자비의 양면을 형성했습니다. 터툴리안(Tertullian)과 어거스틴(Augustine)으로부터 시작되어, 로마 사법제도의 영향아래 사랑과 분리된 정의의 차원에서 법과 복종이 강조되었습니다. 이로 인해 죄는 더 이상 "하나님과 인간 사이의 사랑의 띠를 약화시키는 것"으로 간주되지 않게 되었고, 오히려 "하나님의 권리를 침범한 것"으로 간주되게 되었다고 딕(Deak)은 주장합니다. 즉, 죄가 범죄로 간주되게 되었습니다. 따라서 범죄인 죄는 보복적 정의의 실현을 위한 법률적 해명과정을 필요로 하게 되었던 것입니다. 이로 인해 하나님은 더 이상 "원수를 사랑하라"는 계명에 구애받지 않는 기소하는 검사의 이미지를 얻게 된 것입니다. 그리고 치유되지 않은 인간의 잔인성과 복수의 본능을 그 검사에게 투사하는 것은 쉬운 일이었습니다. 베르자예프(Berdyaev)에 의하면, "종교적 신앙들은 인간의 타락한 상태를 반영해왔습니다. 하나님과 인간 사이의 관계는 흔히 형사소송의 형태로 이해되어왔고…적법한 혹은 법적인 사랑은 죽음으로 표현되는 사랑입니다."

고백 성사의 오용은 검사로서의 하나님 이미지를 강화시켰습니다. 제임스 버트캘이 말한 바와 같이, 고백 성사는 종종

> …재판소를 생각나게 하는 어떤 것으로 변질됩니다: 사제는 앉아서 고백자의 오류를 판단하여 벌을 부과합니다. 이것은 우스꽝스러운 혼동입니다. 그 이유는 하나님께서 행하지 않을 것이라고 신자들이 믿고 있는 바, 그것을 오히려 사제들이 행하고 있기 때문입니다. 심판관은 결코 용서할 수 없습니다. 심판관은 오직 유죄나 무죄를 선고할 뿐입니다. 예수님께서 하나님 아버지를 대신해서 결코 할 수 없는 하나의 일은 처벌하는 것입니다. 형사사건 재판소의 모습은 우리를 용서하시는 하나님의 행위를 설명하는 방식들 중에서 아마도 가장 덜 효과적인 것임에 틀림없습니다.

질문: 당신은 하나님께서 회개치 않은 죄인도 용서하고 치유하신다고 말합니다. 탕자의 이야기에서는 아버지께서 용서하시기 전에 탕자가 먼저 회개하고 집으로 돌아오지 않았습니까?

비록 누가복음 15:11-30의 탕자의 이야기가 종종 회개의 예로 제시되긴 하지만, 실제로 그것은 하나님께서 회개치 않은 죄인을 어떻게 용서하고 치유하시는지에 관한 이야기입니다. 이 이야기는 왜 세리들 혹은 다른 회개치 않은 죄인들을 환영하고 심지어 그들과 함께 먹고 마시는가라는 바리새인들의 힐난어린 질문(눅 15:1-3)에 대한 예수님의 답변입니다. 예수님은 탕자를 가장 악한 죄인으로 묘사합니다. 탕자는 유대인들이 가장 큰 죄로 여기는 것을 범했습니다. 즉 그것은 아버지를 죽은

자 취급한 것입니다. 아버지가 건강하게 살아계시는 동안 유산을 달라고 요청하는 일은 그 어떤 유대인에게도 상상할 수 없는 일입니다. 더군다나 홀로 이방 땅에 가서 그 유산을 낭비하기 위해서 말입니다. 케네스 베일리(Kenneth Bailey)에 의하면, "고대로부터 지금까지 중동의 그 어떤 문서에도, 이 탕자의 이야기를 제외하고는 젊든 늙었든 그 어떤 아들도 건강하게 살아 있는 아버지에게 유산을 요구한 경우가 한 건도 없습니다."

이 이야기는 탕자가 아직 먼 나라에 있는 동안에, 마음을 고쳐먹고 회개의 표시로 아버지에게 종으로 받아 달라고 요청하는 계획을 세운 것으로 종종 해석됩니다. 그러나 성서학자들은 일반적으로 아버지 집으로 돌아가고자 했던 탕자의 동기가 회개라기 보단 자기중심적 동기였을 가능성이 크다고 지적합니다. 비록 탕자가 준비한 말이 회개처럼 들리긴 하지만, 그가 그 말을 만들어 낸 시점은 아버지 집으로 되돌아가면 훨씬 더 많은 음식을 얻게 될 것이라는 것을 깨닫고 난 후였습니다. 제임스 버트캘(James Burtchaell)은 말합니다.

> 피폐와 절망에 찌든 아들은 회개했기 때문이 아니라 굶주렸기 때문에 집으로 향한다. 그 이야기는 결코 탕자가 회심을 했다는 것을 암시하지 않는다: 단지 음식을 바꾸고 싶어 했다. 그는 여전히 신발을 질질 끌면서 집으로 돌아오는 망나니 자식인 것이다.

탕자는 아버지께 받은 돈을 모두 탕진해버린 것을 후회합니다. 그러나 그가 아버지의 마음을 심히 상하게 한 것을 회개한 것 같지는 않습니다. 탕자의 회개의 결여에 대한 또 다른 암시는 누가복음 15:20에서 찾을 수 있습니다. "아직도 거리가 먼데" 아버지는 그를 보고 뛰어나가 맞이합니다. 성서 신학자인 케네스 베일리(Kenneth Bailey)는 우리와 개인적인 담화를 나누면서, "아직도 거리가 먼데"라는 표현은 아버지와 아들 사이의 지리적 거리를 지적하는 것이 아니라 탕자가 아버지에 대해 갖고 있는 감정적 거리, 즉 회개치 않은 탕자의 굳은 마음을 암시한다고 말해 주었습니다.

탕자가 진실로 회개하기도 전에, 심지어 마음의 변화를 요구하지도 않은 채 아버지는 아들에게 화해의 손을 내밉니다. 베일리에 의하면, 아버지는 이후에 큰 아들에 대해서도 그가 회개하기 전에 그를 용서합니다. 아버지를 공공 석상에서 비난함으로써, 큰 아들은 작은 아들이 그러했던 것에 버금갈 정도로 과격하게 아버지와의 관계를 깨트립니다. 그러나 아버지는 회개치 않은 큰아들을 사랑합니다. 큰아들이 잔치에 참석하지 않았음에도 불구하고, 아버지는 "내게 있는 모든 것이 다 네 것이란다"고 말씀하십니다.

질문: 하나님이 탕자와 같은 회개치 않은 죄인들을 사랑하고 치유하신다는 생각은 여전히 내게 낯섭니다. 더 많은 성서적 근거들을 제시해줄 수 있습니까?

탕자의 이야기는 누가복음 15장에 기록된, 어떻게 하나님이 회개치 않은 죄인들은 사랑하는가에 대한 세 가지 비유 중 하나일 뿐입니다. 탕자의 비유에 앞서 잃은 양의 비유(눅 15:3-7)와 잃은 동전의 비유(눅 15:8-11)가 나옵니다. 탕자와 마찬가지로, 잃은 양과 잃은 동전은 회개치 않은 죄인들을 나타냅니다. 이 세 비유 모두에서, 하나님은 잃어버린 것이 회개하고 돌아오기를 기다리지 않으시고, 먼저 주도권을 취하여서 잃어버린 것과 회개치 않은 자를 찾아 나섭니다.

잃어버린 자를 찾아나서는 하나님의 자발성(willingness)은 "이미 찾은바 된 자들"에게도 (혹은 찾은바 된 자라고 생각하는 사람들에게도) 중요합니다. 잃은 양의 비유에 대한 연구에서, 베일리는 "남은 99마리에게 참된 안전을 보장해주는 것은 바로 잃은 양 한 마리를 찾아나서는 목자의 자발성이다"라고 말합니다. 마찬가지 방식으로, 회개치 않은 죄인들을 계속해서 찾아나서는 하나님의 자발성은 우리 모두에게, 하나님은 절대로 우리를 포기하지 않으시고 우리로 하여금 하나님의 사랑 안에서 안전한 쉼을 얻게 하실 것이라는 확신을 가져다줍니다.

회개치 않은 죄인을 영접한다는 사고는 신약성서 곳곳에 드러나 있습니다. 그리고 그 사고는 계속해서 바리새인들을 분개하게 만듭니다. 예를 들어 보겠습니다.

너희 원수를 사랑하며 너희를 박해하는 자를 위하여 기도하라. 이같이 한즉 하늘에 계신 너희 아버지의 아들이 되리니 이는 하나님이 그 해를 악인과 선인에게 비추시며 비를 의로운 자와 불의한 자에게 내려주심이라. 너희가 너희를 사랑하는 자를 사랑하면 무슨 상이 있으리요. 세리도 이같이 아니하느냐.(마 5:44-46)

의인을 위하여 죽는 자가 쉽지 않고 선인을 위하여 용감히 죽는 자가 혹 있거니와 우리가 아직 죄인 되었을 때에 그리스도께서 우리를 위하여 죽으심으로 하나님께서 우리에 대한 자기의 사랑을 확증하셨느니라.(롬 5:7-8)

질문: 회개란 마음의 변화라고 생각합니다. 어떻게 하나님이나 다른 사람이 변하길 원치 않는 사람을 도와 줄 수 있을까요? 가령, 알코올 중독자가 바닥에까지 내려가게 되어 스스로 도움을 청하기 전까지는 회복될 수 없다는 것이 사실 아닙니까?

12단계 회복 운동이 "바닥까지 내려간다"는 것과 "개입(intervention)한다"는 것에 대해 갖는 인식은 변화, 발전되어 왔습니다. "익명의 알코올 중독자" 운동의 초창기에는, 알코올 중독자가 바닥까지 내려가서 도움을 받아들일 준비가 되기 전까지는 알코올 중독자를 위해 해줄 수 있는 것이 별로 없다고 생각했었습니다. 그러나 로버트 스터키(Robert Stuckey) 박사에 의하면, 오늘날에는 도움을 원치 않거나 변화를 갈망한다는 어떠한 징후도 드러내지 않는 사람들에게도 초기에 개입하는 것이 장려되고 있습니다. 만약 12단계 회복 운동의 추진자들이 변화를 원치 않는 것처럼 보이는 사람들에게도 개입하여 그들을 도울 수 있다면, 하나님께서도 그렇게 하실 수 있습니다.

질문: 당신은 참으로 회개치 않은 죄인인 우리를, 특별히 사랑과 치유를 획득하기 위해 어떤 행위도 하지 않고 심지어 도움조차 요청하지 않은 우리를, 하나님이 사랑하며 치유하신다고 주장하는 것입니까?

그렇습니다. 하나님께서 회개치 않은 죄인을 사랑하고 치유한다는 사실은 "신명기 법전의 사고구조" 안에서 양육된 우리에게 낯설게 느껴질 것입니다. 리차드 로어(Richard Rohr)에 따르면, 십계명으로 대표되는 신명기 법전은 회개치 않은 죄인을 치유하는 것이 아니라 벌하는 것에 중점을 두고 있습니다. 신명기 법전은 다음과 같은 운동과정(movement)을 담고 있습니다: 내가 죄를 범합니다. 하나님께서 벌하십니다 나는 회개합니다. 그러면 하나님은 나를 사랑하고 내게 보상을 주십니다. 하나님의 사랑과 보상을 얻기 위한 전제 조건은 회개입니다. 그러나 바울의 회심이나 회개치 않은 탕자의 귀환과 같은 이야기들은 신명기 법전이 보여준 운동과정을 뒤집어 놓습니다. 즉 정반대의 과정을 보여줍니다. 내가 죄를 범합니다. 나는 회개치 않습니다. 나는 하나님의 사랑과 은혜를 받습니다. 하나님의 사랑과 은총이 나를 치유함으로 인해 나는 회개하게 됩니다. 이런 이야기들에서 회개는 하나님의 사랑과 은총을 획득하기 위한 전제 조건이 아닙니다. 오히려 하나님의 은혜와 사랑과 보상은 획득하는 것이 아니라 값없이 주어진 하나님의 선물입니다. 이 은혜의 선물이 우리를 치유하여 궁극적인 회개를 가능하게 합니다.

신명기 법전과의 근본적인 결별이야말로 예언자들이 소개한 언약(covenant)의 두드러진 특징입니다. 언약은 더 이상 하나님의 자비와 정의를 서로 대립되는 것으로 간주하지 않습니다. 오히려 자비와 정의의 개념을 함께 사용합니다. 즉 오늘날 하나님의 정의는 하나님 자신을 자비로운 분, 관대한 분, 무조건적 사랑을 하는 분으로 진솔하게 드러내는 것으로 이해됩니다. 하나님은 결단코 다시는 죄를 복수심 가득한 마음으로 처벌하지 않습니다(사 54:9). 오히려 하나님은 마음이 극도로 굳은 사람들을 극도의 사랑으로 대함으로써, 즉 "경이롭고 비범한 일들로 이러한 사람들을 깜짝 놀라게 함으로써"(사 29:14, 예루살렘 성경) 그들을 치유하십니다.

이러한 언약의 이해에 근거해서, 여러분들 스스로 누가복음 7:47을 올바르게 해석하고 있는가를 살펴보십시오. 이 구절은 공개적인 죄인이지만 눈물로 예수님의 발을 씻긴 후 머리카락으로 닦아드림으로써 바리새인 시몬을 당혹하게 만들었던 여인에 대한 예수님의 변호입니다(눅 7:36-50). 7:47에 담긴 여인을 위한 예수님의 변호는 다음의 두 가지 방식으로 해석될 수 있습니다.

> 1. 이런 연유로 너희에게 말한다. 그녀의 많은 죄가 용서되었음에 틀림없다. 그렇지 않다면 그녀가 이렇게 큰 사랑을 보일 수 없었을 것이다. 적은 사랑을 보이는 사람은 적게 용서받은 사람이니라(예루살렘 성경, *Jerusalem Bible*).

> 2. 내가 너희에게 말한다. 그것이 그녀의 많은 죄가 용서받은 이유이다. 즉 그녀의 커다란 사랑 때문이다. 사랑이 적은 사람은 적게 용서받는다(신 미국 성경, *New American Bible*).

두 해석 중 어느 것이 바른 것일까요? 예루살렘 성경은 언약적 이해를 반영합니다. 이 예루살렘 성경에 의하면, 그녀의 행동은 이미 치유 받은 자로서 큰 사랑을 보인 것입니다. 즉 그녀의 큰 사랑의 행동은 예수님을 통해 은혜로 주어진 하나님의 사랑과 용서의 선물에 대한 증거로서 제시된 것입니다. 반면, 새로운 미국 성경은 신명기 법전적 이해를 반영합니다. 여인의 회개와 사랑이 하나님의 용서라는 보상을 획득합니다. 어떤 해석이 옳은 가에 대한 답은 시몬에게 하신 예수님의 질문에서 드러납니다(눅 7:42). 예수님의 질문은 500의 빚을 탕감 받은 자와 50의 빚을 탕감 받은 자 중에 누가 더 사랑하겠는가라는 것입니다. 시몬은 500의 빚을 탕감 받은 자라고 대답합니다. 그의 대답은 사랑이란 용서로부터 흘러나오는 응답의 행위라는 것을 강조합니다(예루살렘 성경). 즉 사랑은 용서를 획득하기 위해 애쓰는 완벽주의자의 수고로부터 흘러나오는 것이 아닙니다(신 미국 성경). 거의 대부분의 성경 번역본들이 이 부분을 잘못 번역했기에, 예루살렘 성경은 각주를 달아서 다음과 같이 설명합니다.

> "그녀가 그렇게 큰 사랑을 보였기 때문에 그녀의 많은 죄가 용서되었다"라고 번역된 일반적인 번역을 따르지 않았습니다. 문맥상 이 구절은 오히려 정반대의 의미를 지닙니다. 즉 그녀의 많은 죄가 용서함을 받았기 때문에, 그녀가 그렇게 큰

사랑을 보였다는 것이 문맥상 바른 의미입니다.

재 개정판「신 미국 성경」(1988)은 예루살렘 성경의 번역에 동의하여, 유사한 방식으로 이전의 번역을 수정하였습니다.

이 구절이 너무도 빈번하게 오역된다는 사실은 우리 자신이 얼마나 신명기 법전적 사고구조에 물들어 있는가를 보여줍니다. 뿐만 아니라, 이 사실은 공짜로 주는 선물이란 없으며, 소유하고 싶은 것들은 열심히 일해서 획득해야만 한다는 미국의 윤리가 하나님의 활동 방식에 합한 것이라는 믿음을 우리가 얼마나 확고히 견지하고 있는가를 보여줍니다.

질문: 임사체험을 한 사람들 중 더러는 자신의 삶 전체를 회개하는 경험을 하였다고 보고합니다. 이들의 회개의 경험에는 하나님께서 우리를 어떻게 심판하시는가에 대한 시사점들이 들어 있지 않을까요?

성경뿐만 아니라 임사체험의 보고들도 하나님의 심판은 하나님의 무조건적 사랑을 확증하는 방식으로 이루어진다는 우리의 믿음을 지지합니다. 레이몬드 무디(Raymond Moody) 박사의 창의적 연구 결과에 근거하여, 의학적 사망선고를 받은 후 되살아난 사람들의 21%에서 59%는 종교와 문화의 차이에 상관없이 유사한 임사체험을 한다는 사실을 인정하는 학자들이 더 늘어가는 추세라고 존 히니(John Heaney)는 말합니다.

임사체험을 통해 사후세계를 경험한 어느 여성은 자신이 길고 어두운 터널을 따라 신속하게 빨려 들어가는 것을 느끼고 있는 동안, 자신의 죽음을 선언하는 의사의 말을 들었습니다. 그리고 그녀는 자신을 소생시키기 위해 노력하고 있는 의사를 자신의 몸 밖에서 내려다보고 있는 또 다른 자신을 발견합니다. 그녀는 자신이 영적인 몸을 지니고 있다는 것을 알게 됩니다. 영적인 몸은 육체적 몸과 달라서 생각으로 의사소통을 하는 무정형의 떠있는 구름과도 같은 것입니다. 이미 고인이 되었던 친척들과 친구들이 그녀를 맞이하여 "빛의 존재"(a Being of Light)에게로 데려갑니다. 그 빛의 존재는 그녀가 지금까지 경험해보지 못했던 엄청난 사랑으로 그녀를 받아들입니다. 마치 쇠가 자석에 끌리는 것처럼, 그녀는 빛의 존재의 인격적 받아들임(acceptance)과 긍휼에 끌리게 됩니다. 무디에 의하면, 비록 이것은 빛의 경험이지만 그 빛이 인격적 존재라는 것을 의심하는 사람은 아무도 없었습니다.

그 빛의 존재는 등장하자마자 질문을 합니다: "일생동안 무슨 일을 하였지?" 이 질문은 고소나 위협이 아니라 오히려 전적 사랑과 받아들임의 어조를 띤 질문입니다. 이 어조는 우리 답변의 내용에 따라 달라지지 않습니다. 빛의 존재는 정죄하지 않습니다. 그리고 빛의 존재는 그녀의 일생을 마치 영화의 파노라마로 보여줌으로써, 그녀가 대답할 수 있도록 도와줍니다. 그는 이미 모든 것을 알고 있는 것 같습니다. 그럼에도 전 일생을 보여줌으로써 그녀가 두 가지 사실을 깨닫도록 도와줍니다. 그것은 그녀가 어떻게 타인을 사랑했으며, 어떻게 자신의 경험과 오류를 통해서 깨우치게 되었는가에 관한 것입니다. 오직 그녀가 어떻게 타인을 사랑했고 또한 어떻게 그 사랑을 깊게 할 수 있는 지를 깨우칠 때에만, 빛의 존재는 그녀에게 세상으로 되돌아가길 원하는지 묻습니다. 비록 많은 사람들이 그곳에 머물길 원하지만, 세상으로 돌아와서 임사체험의 경험을 나눈 사람들은 이 땅에 돌아와 이룰 사명이 남아 있다는 결정을 빛의 존재와 함께 한 사람들입니다. 가령, 어린 자녀들의 양육이나 빛의 존재가 보여준 전적인 받아들임을 타인에게 행하는 것과 같은 사명들입니다.

이런 경험을 하고 돌아 온 사람들은 타인을 사랑하고 더욱 더 자기를 알기 원하는 꺼지지 않는 열망을 지니게 됩니다. 그들은 또한 더 이상 하나님의 심판을 두려워하지 않기 때문에 죽음을 두려워하지 않습니다. 그들이 발견한 심판은 자신에 의한 심판이었습니다. 마치 캘커타의 마더 테레사가 궁핍한 자를 소홀히 대한 우리의 불의를 일깨웠을 때, 우리가 경험했던 것과 같은 자기 심판이었습니다. 엘리자베스 큐블러-로스(Elisabeth Kübler-Ross) 박사의 보고에 의하면, 정죄하지 않는 하나님과의 만남은 사람들을 도와서 타인을 정죄하지 않고 살아가게 합니다. 예를 들면, 임사체험을 한 어느 목회자는 그의 교회를 계속해서 목회할 수 없었습니다. 왜냐하면 빛의 존재와의 만남을 통해 온전한 사랑에 푹 젖은 그가 더 이상 교단이 요구하는 방식대로 심판을 가르칠 수 없었기 때문입니다.

질문: 임사체험은 항상 긍정적입니까? 임사체험을 하는 동안 지옥에 갔었다고 말하는 사람들이 있다는 것을 들은 적이 있습니다.

소수의 사람들, 가령 자살을 시도한 이들은 고통스러운 임사체험을 보고합니다. 무디 박사는 이러한 고통스러운 임사체험을 꼼짝 못하게 되어 빛의 존재 앞으로 나아갈 수 없게 된 상태의 경험으로 설명합니다. 여러 연구자들의 공통적 견해는 이러한 부정적 경험이 매우 드물다는 것입니다. 게다가, 부정적 경험을 한 사람들은 죽는 순간에 우울했던 경향이 있습니다. 즉 그들의 내면 상태가 이미 "지옥과 같은" 것이었습니다. 그들은 또한 양심의 가책을 느끼며 죄의식으로 고통을 겪었던 경향이 있습니다. 이 사람들은 주로 선하게 되기 위해 지나치게 열심히 노력하는 사람들로서, 지옥에 갈 것이라고 예상되는 사람들의 유형에는 전혀 맞지 않는 사람들입니다. 케네스 링(Kenneth Ring) 박사는 고통스러운 임사체험을 한 사람들이 한 번 더 임사체험을 하게 되면, 두 번째의 경험은 항상 긍정적이라는 사실을 발견했습니다. 링 박사는 이러한 현상이 의식의 변화 때문에 발생했다고 여깁니다. 처음에는 일반적으로 보고되는 임사체험의 긍정적 상태에 적응하지 못했던 사람들이 의식의 변화를 통해서 두 번째 경험에서는 적응할 수 있게 되었다는 것입니다.

존 히니(John Heaney)에 따르면, 임사체험의 연구자들은 임사체험을 개인의 염원이 깃든 생각, 심리적 기대감, 환각이나 꿈으로 간주하려는 관점과 임사체험과 같은 죽음에 대한 초인간적(transpersonal) 경험을 약리학적으로 설명하려는 관점을 모두 배제합니다. 임사체험에 대한 설명이 무엇이든지간에, 되살아난 사람들은 종종 자신들을 무조건적 사랑의 관점에서 심판하는 사랑의 빛의 존재에 의해 치유되는 경험을 했다는 것을 기억합니다.

이렇게 정죄하지 않으시는 빛의 존재는 마치 바울에게 나타나서 "사울아, 사울아, 어찌하여 네가 나를 핍박하느냐?"고 물으심으로, 바울로 하여금 자신의 삶을 되돌아보게 함으로써 새로운 삶을 살도록 도우신 그 빛과 매우 유사합니다(행 9:4).

하나님께서는 누군가를 지옥에 보내시는가?

질문: 지옥이 하나의 "가능성"(possibility)으로 존재한다는 당신의 말의 의미는 무엇입니까?

그것은 영원한 지옥이란 하나의 "추상적 가능성"(abstract possibility)이라고 말한 윌리엄 달튼(William Dalton)의 용어를 인용한 것입니다. 그가 그렇게 말한 이유는, 하나님의 사랑의 속성을 고려해 볼 때 하나님께서 결국에는 모든 사람을 구원하실 것이라는 희망을 가져볼 수 있기 때문입니다.

달튼의 언급과 유사하게, 칼 바르트(Karl Barth)는 지옥의 선택을 "불가능한 가능성"(impossible possibility)이라고 불렀습니다. 왜냐하면 인간의 불신은 하나님의 거룩한 사랑 앞에 전적으로 무력해지기 때문입니다.

질문: 그렇다면 지옥의 불에서 타고 있는 사람들을 보았다는 성인들과 신비가들의 주장은 어떻게 된 것입니까?

성경에 있는 이미지들을 모두 문자적으로 받아들일 수만은 없듯이, 그들이 보았던 환상들(즉, 불과 지옥과 같은 것들)을 모두 문자적으로 받아들일 수는 없습니다. 교회는 결코 그것들을 문자적으로만 해석하지는 않았습니다. 칼 라너는 다음과 같이 기록합니다.

교회가 성인들을 승인하는 데에는 오류가 있을 수 없다고 주장하지만, 저주받은 자를 규정하는 것에 관해서는 무오류성을 주장한 적이 없습니다. 우리는 심지어 한 인간의 영혼이라도 실제로 지옥에 가게 되는 지의 여부를 확실하게 알 수는 없습니다.

질문: 어떤 사람이 지옥을 선택하는지를 확실히 알 수 없다고 말하는데, 당신은 지금 주위에서 지옥을 선택한 것처럼 보이는 사람들을 보지 못합니까?

지옥의 선택은 인간의 관점과 하나님의 관점이라는 두 가지 관점에서 살펴보아야만 합니다. 부자 청년의 비유에서 예수님은 구원의 가능성에 대한 인간의 관점과 하나님의 관점이 어떻게 다른가를 보여줌으로써 양자의 차이점을 강조합니다. 제자들이 예수님께 "그렇다면 도대체 누가 구원을 얻을 수 있겠습니까?"라고 물었을 때, 예수님은 인간의 관점에서는 불가능하지만 하나님의 관점에서는 모든 것이 가능하다고 말씀하십니다(막 10:27). 피트 스쿠넌버그(Piet Schoonenberg)는 이 비유의 내용을 다음과 같이 요약합니다: "지옥은 우리 안에 있는 하나의 가능성입니다. 그러나 구원은 하나님 안에 있는 더욱 큰 가능성입니다."

존 로빈슨(John Robinson)은 "역사에 대한 궁극적인 관점은 인간의 관점이 아니라 하나님의 관점입니다." 처음에 회개 없이 자살한 아들에 대해 생각할 때, 힐다는 인간의 관점에서만 생각했습니다. 그녀는 하나님께서 그 아들에게 손을 내미는 것을 보기 전까지는 그 아들이 지옥에 간 것이 틀림없다고 생각했습니다. 힐다의 아들의 상황은 결국에는 지옥에 이르는 길을 따라 걸어 내려가고 있는 인간들에 대한 로빈슨의 묘사와 일치할 것입니다.

출발점에서 가깝든 멀든, 처음의 길 어딘가에서 인간은 누군가를 만납니다. 그는 십자가의 무게에 눌려 구부정하게 서 있습니다. "주여, 당신은 왜 이렇게 하고 있습니까?" 우리들 각자는 이렇게 묻습니다. "너를 위해서, 네가 참으로 하나님의 사랑을 받고 있다는 것을 증명하기 위해서란다." 그 어떤 사람도 무한히 주어지는 하나님의 사랑을 피할 수가 없습니다. 비록 자기 사랑이 가져다 준 씁쓸한 공허감과 외로움에 빠져 있을 때라도 하나님의 사랑은 늘 함께 있습니다. 따라서 그 어떤 사람도 하나님의 사랑을 계속해서 거부할 수는 없습니다. 인간은 하나님의 사랑을 거부할 자유를 상실하지는 않을 것입니다. 그러나 인간은 사막에서 지독한 갈증에 시달리는 사람처럼 손을 뻗어 이 생명의 물을 마시길 원할 것입니다.

질문: 당신의 말은 지독히도 낙관적이군요. 나는 평생 교회에 다녔지만 이런 말은 들어본 적이 없습니다. 교회에서 당신 외에 정말로 당신과 같이 말하는 사람들이 있습니까?

우리가 언급한 낙관주의는 현재 로마 가톨릭 신학의 일반적 견해와 일치합니다. 삭스(Sachs)가 기술한 것처럼, 라너(Rahner)의 주장은 대부분의 로마 가톨릭 신학자들의 견해와 일치합니다. 라너는 "흔들리지 않는 희망," 즉 결국에는 모든 사람들이 치유를 받고 영원한 생명을 누리게 될 것이라는 희망을 말합니다. 그는 1984년 프라이부르그(Freiburg)에서 행한 고별연설에서 이 희망을 표출했습니다:

> 저에게 그동안 발생했던 모든 재난들에도 불구하고, 심지어 아우슈비츠나 자원의 고갈 그리고 핵의 오용으로 초래될 수 있는 파멸에도 불구하고, 인류의 역사는 구원의 역사이며 은혜와 거룩한 사랑의 힘에 의한 우주적 역사이며 단지 소수만이 아니라 모든 인류를 향한 희망을 갖게 하는 역사입니다.

딕(Deak)은 가톨릭 신학이 점점 더 모든 사람이 구원을 얻게 될 가능성에 대해 개방적으로 되어간다는 데 동의합니다. 그리고 또한 그는 개신교 신학에서도 같은 경향성이 있음을 발견합니다.

질문: 당신은 보편적 구원(universalism)을 주장하고 있는 것 같습니다. 그것은 교회에 의해 이단으로 정죄된 것이 아닙니까?

아포카타스타시스(*apokatastasis*, 만유구원론)와 보편적 구원(universalism)을 구별하는 것은 대단히 중요한 문제입니다. 전자는 모든 것이 반드시(must) 구원을 받게 된다고 주장한 반면, 후자는 모든 것이 구원을 받을 것(will)이라고 주장합니다. 딕(Deak)은 다음과 같이 기술했습니다.

> 아포카타스타시스(*apokatastasis*, 만유구원론)의 교리는 만물이 언젠가는 온전한 종말론적 조화와 평화 가운데 참 본향인 하나님께로 되돌아 갈 것이라고 추정하는 교리입니다. 반면, 보편적 구원(universalism)은 동일한 믿음을 지니고 있지만, 만유의 구원을 필연으로 간주하는 것을 거부합니다.

중요한 차이점은 만유구원론은 자유의지를 전적으로 배제한 반면, 보편적 구원은 자유의지를 인정합니다. 그러나 보편적 구원은 모든 인간이 궁극적으로는 자신들의 자유의지를 사용하여 하나님을 선택하게 될 것이라고 추정합니다. 보편적 구원의 핵심을 딕은 다음과 같이 정리합니다.

> 하나님은 모든 사람이 구원 받기를 '원하실' 뿐만 아니라, 하나님은 실제로 인간의 자유로운 협조를 통하여 이것을 실현하실 것입니다. 그래서 유한한 시간이 영원에 자리를 내어줄 때, 하나님은 진실로 모든 것 가운데 모든 것이 되실 것입니다.(엡 1:10; 골 1:20)

종종 보편적 구원에 대한 하나의 반론은 오리겐(Origen, 186년 출생)이 보편적 구원 때문에 정죄되었다는 생각에서 제기됩니다. 그러나 사실 오리겐은 543년 콘스탄티노플 공의회에서 만유구원론과 구원의 역사를 일직선적인 역사가 아니라 되돌아오는 시대로 보는 그의 구원 역사에 관한 이론 때문에 정죄되었습니다. 딕과 달튼(Dalton)에 의하면, 보편적 구원의 강력한 옹호자이면서도 구원의 역사가 되돌아오는 시대라는 이론을 거부한 니사의 그레고리(Gregory of Nyssa, 380)가 그 어떤 공의회에 의해서 정죄된 적이 없다는 사실이 오리겐의 정죄 이유를 분명하게 밝혀줍니다. 폴 스미스(Paul Smith)는 초기의 보편적 구원론자들로서 정죄 받지 않는 사람들의 이름을 밝혀냈습니다. 그들은 알렉산드리아의 클레멘트(Clement of Alexandria, 190, 알렉산드리아 교리학교 수장), 힐레리(Hilary, 로마 가톨릭의 부제), 티투스(Titus, 346, 보스트라의 주교), 나지안주스의 그레고리(Gregory of Nazianzus, 373, 제2차 에큐메니칼 공의회 의장), 그리고 제롬(Jerome, 346, 라틴 성경의 번역자)입니다.

질문: 당신은 바울이 보편적 구원을 옹호하는 것처럼 들리는 성경 구절들을 제시했습니다. 그러나 바울은 또한 하나님께 등을 돌린 자들에게 험한 말들을 하지 않았습니까?

그렇습니다. 바울은 확실히 하나님께 등을 돌리는 것이 얼마나 심각한 것이며, 그 행위가 받게 될 정죄에 대해서도 강조합니다(가령, 롬 2:5-8:1; 고전 6:9-10; 고후 5:10; 살후 1:5-9; 빌 3:19). 그러나 바울은 하나님의 사랑과 자비를 전제로, 그 어떤 인간도 영원히 하나님께 등을 돌리게 될 것이라고 확증한 바가 결코 없습니다. 달리 말하면, 그의 진술들은 실제로 일어날 미래의 사건들에 대한 상세한 서술로서가 아니라 경고로서 받아들여져야 합니다. 달튼(Dalton)은 바울의 관점에 기초해서 "인간의 죄는 하나님의 은혜의 승리로 나아가는 하나님의 디딤돌로서 설명될 수 있다"고 말합니다. 그러므로 바울은 이렇게 말합니다. "하나님이 모든 사람을 순종치 아니하는 가운데 가두어 두심은 모든 사람에게 긍휼을 베풀려 하심이로다"(롬 11:32).

질문: 예수님께서 어떤 사람이 지옥에 가 있다고 말한 적이 없다고 당신은 주장합니다. 그렇다면 눅 16:19-31에 나온 거지 나사로와 부자의 이야기는 어떻게 된 것입니까?

거지 나사로와 부자에 관한 예수님의 이야기는 때때로 지옥에 가 있는 사람들이 있을 뿐만 아니라 일단 지옥에 들어가면 다시 나올 수 없다는 사실을 입증하는 자료로 인용됩니다. 거지 나사로는 죽어서 천국에 가서 아브라함의 품에 안겨 있습니다.

거지 나사로를 돕지 않았던 부자는 죽어 지옥에 갑니다. 그 부자는 다섯 형제들이 지옥에 오게 되지 않도록 경고하기 위해 세상으로 되돌아 갈 수 있는지를 아브라함에게 묻습니다. 아브라함은 그 청을 거절합니다. 이 이야기를 지옥에 영원히 있게 될 사람들이 존재한다는 증거로 제시하기 위해 문자적으로 해석하면 문제가 생깁니다. 그 문제는 다른 사람들을 돕고자 하는 부자의 소망과 아브라함의 거절에서 발견됩니다. 만일 우리가 천국을 사랑을 주고 받는 상태로 정의한다면, 지옥은 사랑의 주고 받음이나 회개가 불가능한 철저히 소외된 상태로 정의할 수 있습니다. 그런데 긍휼과 이타적 마음을 지닌 채 회개하고 있는 부자가 마치 아브라함보다 더 천국에 있는 사람처럼 행동합니다. 이 이야기가 말하고자 한 바는 두 가지입니다. 하나는, 이 세상에서의 사회적 지위는 저 세상에서 거꾸로 뒤집히게 된다는 것입니다. 다른 하나는, 만일 당신이 궁핍한 형제, 자매를 모른 체하면(마치 그 부자가 그랬던 것처럼) 당신은 지옥과 같은 것을 느끼게 될 것이라는 점입니다.

달튼은 이 구절뿐만 아니라 지옥에 가 있는 사람들이 있다는 주장을 입증하기 위해 자주 인용되는 구절들을 연구했습니다. 그러나 그가 이미 지적한 것처럼, 서로 다른 입장에 각각 유리해 보이는 성경 구절들을 서로 대립적으로 제시하는 방식으로 논의하는 것은 도움이 되지 않습니다. 근본적인 신학적 주제들, 가령 인간의 구원과 같은 주제들은 반드시 개별적 본문에 근거해서가 아니라 복음의 핵심적 메시지의 빛 아래서 이해되어져야 합니다.

질문: 죽음의 순간에 하나님을 받아들이든지 거부하든지 최후의 결정을 한다는 이론은 성서적 근거가 있습니까?

딕(Deak)의 주장에 의하면, 임종 전 마지막 의식이 남아 있는 순간을 궁극적인 선택을 하는 순간으로 간주하는 이론은 확실한 성서적 근거를 갖지 못한 이론입니다. 딕은 그런 이론이 주로 목회적 이유 때문에 생겨난 것이라고 믿습니다. 우선, 하나님과 인간 사이의 건전한 관계 형성을 위한 가장 좋은 방안은 현재(the present)를 사용하도록 동기 유발을 시키는 것이라는 목회적 이유 때문입니다. 또 다른 목회적 이유는 믿음 안에서 하나님을 받아들이거나 거부하거나 하는 존재론적 결정을 연기하지 못하도록 하기 위한 것입니다. 이러한 이유들이 어느 정도 목회적 유용성을 지니긴 하지만, 그렇다고 해서 그 이론이 참되다는 것을 의미하지는 않습니다.

비록 가톨릭 전통은 죽음 이후에 하나님을 향한 우리의 생전 선택을 변경할 수 없다고 보지만, 불가코프(Bulgakov)는 동방정교회 전통에 근거하여 최후의 심판 전까지는 사후에도 회심이 발생할 수 있다고 믿습니다. 로빈슨(Robinson)은 이러한 전통을 지지하면서, "신약성경은 사후에 그 어떤 기회도 주어지지 않는다는 이론을 교리화한 적이 결코 없다"고 주장합니다.

질문: 하나님께서 우리를 영원히 사랑하며 치유하신다는 생각은 저에게 낯설게 느껴집니다. 신학자들은 당신의 견해를 지지합니까?

많은 신학자들은 죽음의 순간에 최종적 결정이 이루어진다는 이론에 의문을 제기합니다. 왜냐하면 그것은 하나님의 계속적인 치유의 주도권을 배제시키기 때문입니다. 가령, 한스 큉(Hans Küng)은 이렇게 말합니다.

> 최종적 결정이라고요? 시편기자들은 하나님께서 죽음의 세계도 다스린다고 말씀하지 않습니까? 자비롭고 전능하신 하나님의 뜻에 반해 무엇이 최종적인 것이 될 수 있겠습니까? 왜 무한히 선하신 하나님이 증오를 제거하지 않고 오히려 영구화하길 원해야 하며, 왜 자신의 통치를 하나님을 반대하는 자들과 영원히 나누어가져야만 합니까? 왜 하나님은 이 순간에 할 말씀이 아무 것도 없어서 결과적으로 죄의식에 짓눌린 인간의 정화, 정결, 계몽을 영원히 불가능한 것으로 만들어야 합니까?

큉과 마찬가지로, 베르쟈에프(Berdyaev)도 전통적인 기독교 교리가 지닌 모순을 다음과 같이 지적하며 도전합니다. 전통적 교리에서는 "지옥으로 가는 자유는 인정됩니다. 그러나 지옥에서 빠져 나오는 자유는 부정됩니다."

우리가 "죽음의 순간"이라고 말할 때, 그것은 보통 죽기 전 마지막 의식이 남아 있는 순간을 의미합니다. 이 순간은 자유가 제한된 순간입니다. 왜냐하면 이 세상에서 경험했던 모든 상처들을 여전히 간직하고 있기 때문입니다. 그리고 아직은 하나님의 치유의 주도성을 온전히 경험하지 못했기 때문입니다. 라디스라우스 보로스(Ladislaus Boros)에 따르면, 죽음 그 자체 안에 완전한 자유의 순간이 내포되어 있습니다. 그 순간 우리는 더 이상 이 세상의 상처와 한계에 갇히지 않은 채, 자유로운 상태에서 최종 운명을 선택합니다.

이 순간에는 그 누구도 저주받지 않습니다. 왜냐하면, 그는 결코 사랑을 경험하지 못한 가족의 일원으로 태어났기 때문입니다. 따라서 그는 하나님의 본성이 무엇인지 이해할 수도 없기 때문입니다. 그 누구도 저주받지 않습니다. 왜냐하면 그는 단지 명령만 하는 하나님, 두려운 독재자와 같은 이미지의 하나님만을 보아옴으로 인해, 아마도 그러한 하나님께 등을 돌렸기 때문입니다. 아무도 저주받지 않습니다. 왜냐하면 그는 멸시당하고, 미움의 대상이었고, 오해받았고, 내적으로 상처를 입어서 모든 것, 심지어 하나님에게조차 반항했기 때문입니다.

죽음 안에 내포된 이러한 자유의 순간에 대한 보로스의 개념은 온전히 자유하기 위해서는 하나님의 영원한 치유의 주도성을 경험하는 순간이 필요하다는 우리의 생각과 일치합니다.

질문: 하나님께서 우리를 사랑하고 치유하시고자 영원이란 시간을 투여하신다는 당신의 견해를 지지하는 성경 구절들이 있습니까?

돌아온 탕자의 이야기는 어떻게 하나님이 사랑하며 치유하기 위해 애쓰면서 영원이란 시간을 투여하시는가에 대한 이미지를 제공합니다. 힐다가 회개치 않은 채 죽은 아들을 끌어안고 있는 자신의 모습을 상상했던 것처럼, 하나님 아버지께서 회개치 않은 탕자를 끌어안는다는 것은 놀랄 일이 아닙니다. 탕자의 이야기는 힐다가 데니스에게 물었던 "회개하지 않고 죽은 내 아들에게 어떤 일이 발생할까요?"라는 질문에 대한 누가복음의 답변입니다. 탕자의 이야기는 하나님께서 일상생활에서 회개치 않은 죄인들과 어떤 관계를 맺고 있고 있는가에 관한 것일 뿐 아니라, "죽었다가 다시 살아난"(눅 15:24, 32) 회개하지 않은 아들을 위해 사후에 하나님이 마련하신 메시아의 만찬에 관한 것이기도 합니다. 요아킴 예레미아스(Joachim Jeremias)는 탕자의 비유를 종말론적 만찬의 관점에서 해석합니다. "종말의 만찬이 펼쳐지는 마지막 때에는 모든 상황들이 역전됩니다. 이 역전을 통해, 구원이 의인들이 아니라 죄인들에게 주어집니다."

누가복음에는 연속적인 다섯 장들이 이생의 세계를 다루고 있습니다. 그 중의 한 장이 15장입니다. 잃어버린 양, 잃어버린 동전, 잃어버린 아들에 관한 비유에 나온 축하 만찬이 이생의 만찬이라는 것을 의미하는 암시는 프로스데코마이 (*prosdechomai*, 환영하다)라는 단어입니다. 찰스 기블린(Charles Giblin)에 의하면, 신약성경에서 이 단어는 일관되게 이생의 주제들, 가령 하나님 나라의 도래나 종말과 같은 주제들과 연결되어 등장합니다. 누가는 이 이생의 단어를 사용하여 15장에서 회개하지 않은 죄인들에 관한 비유들을 도입합니다. 각 비유들에서 잃어버린 것들(양, 동전, 아들)은 잃어버린 회개치 않은 죄인들을 상징합니다. 이 세 비유 모두 어떻게 하나님께서 심지어 이생에서 조차 사랑으로 격동되어 잃어버린 회개치 않은 죄인들을 찾으시는지를 잘 보여줍니다. 각 이야기에 등장한 기쁨 가득한 하늘의 만찬은 회개치 않은 죄인들을 찾으시는 하나님의 격동의 사랑이 그들을 회개하도록 만든 것을 경축하는 것입니다.

고통이란 지옥은 어떻게 된 것인가?

질문: 상처들이 어떻게 우리의 하나님 이미지에 영향을 미치는지에 대해 좀 더 자세히 말해주겠습니까?

이 책의 초점은 예수님의 사랑의 메시지를 왜곡한 가르침이 우리의 하나님 이미지에 어떤 해악을 끼쳤는지에 관한 것입니다. 자신의 집단 수용소 경험을 서술하면서, 엘리 위젤(Eli Wisel)은 비극과 고통의 경험에서 하나님 이미지의 왜곡이 유래될 수 있음을 말합니다. 이러한 비극과 고통의 시기에는 하나님께서 우리를 버린 것처럼 혹은 (보다 심하게는) 하나님께서 우리가 겪고 있는 악을 야기한 것처럼 보일 수 있습니다. 모든 상처들은 우리의 하나님 이미지에 영향을 미칩니다. 상처가 크면 클수록, 그 상처는 더욱 심하게 우리의 하나님 이미지를 왜곡시킬 것입니다. 가령, 학대(abuse)의 희생자들은 하나님을 신뢰하는데 극심한 어려움을 겪게 됩니다. 무신론자들 중에는 때때로 사랑하는 사람을 잃게 됨으로 인해 믿음을 상실하게 된 사람들이 있습니다.

나(Matt)는 일곱 살 때 두 살 된 동생 존(John)을 잃었습니다. 나는 하나님이 존을 데려 가셨다는 말을 들었고, 그 누구도 슬픔을 표현하도록 권해주지 않았습니다. 내가 온전히 슬픔을 토로해내기 전까지 여러 해 동안 나의 하나님 이미지는 크게 훼손되었습니다. 치유는 고통을 해소하는 것과 하나님이 아픔과 고통 가운데 항상 우리와 함께 계셨다는 것을 발견하는 것을 필요로 합니다. 피에르 울프(Pierre Wolf)가 서술한 것처럼, 고난에 대한 우리의 분노는 곧 고난에 대한 하나님의 분노입니다.

우리의 하나님 이미지는 또한 우리를 일차적으로 돌볼 책임이 있는 사람들과의 결속의식의 부재에 의해 영향을 받습니다. 뿐만 아니라 앞서 언급한 것처럼 학대적인 자녀 양육방식들에 의해 영향을 받습니다. 우리가 저술한 다른 책들과 테잎들은 죽음, 상실, 그리고 적절한 결속의 부재와 같은 상처들의 치유를 다루고 있습니다. 책들과 테잎들의 목록은 이 책 후반부에 있는 자료편의 '보다 더 성숙하기 위한 자료들' 이란 제목에 나와 있습니다.

자유의지는 어떻게 된 것인가?

질문: 당신은 내가 선하지 않는 것을 선택할 때마다 내가 부자유하다고 말하는 것입니까?

영어에서, 자유(freedom)는 반드시 선택(choice)과 구별되어야 합니다. 우리가 선과 악, 모두를 선택할 수 있다는 것은 사실입니다. 그러나 자유는 가장 위대한 선을 지향하는 것입니다. 다시 말하면, 자유는 단지 보다 선한 것만이 아니라 가장 선한 것을 지향하는 것입니다. 어거스틴(Augustine)이 말한 바와 같이, "죄를 범할 수 있는 능력은 자유의 사용이 아니라 자유의 오용입니다." 칼 바르트도 이에 동의합니다. 그는 말하기를, 악마를 위한 선택이 자유입니까? 가치 있는 참된 자유는 오직 하나님의 피조물로서의 참된 내가 되는 것을 선택하는 것입니다. 하나님은 중립적인 피조물을 창조하신 것이 아닙니다. 하나님의 피조물은…그리스도의 종이 되는 것이 바로 자유롭게 되는 것입니다.

질문: 죽음에 이르는 대죄는 의지의 전적인 동의를 필요로 한다고 배웠습니다. 당신은 죽음에 이르는 대죄와 같은 것들은 없다고 말하는 것입니까?

죽음에 이르는 대죄를 결정할 때, 전통적인 판단이 고려하는 요소는 "문제의 심각성, 충분한 숙고, 의지의 전적인 동의"입니다. 의지의 전적인 동의가 악을 행하고자 하는 자유롭고 책임감 있는 결정을 암시한다는 것은 분명합니다. 우리는 그 어떤 인간이 참으로 자유로운 상태에서 악을 선택할 수 있겠는가에 대해 의문을 품습니다. 우리가 여기서 취한 입장은 라너(Rahner)를 비롯한 여러 신학자들의 입장과 일치한 것입니다. 제임스 버트캘(James Burtchaell)은 우리의 입장을 이렇게 표현합니다.

전적인 동의에 관해서: 그 누구도 악에 전적인 동의를 하지는 않습니다. 우리는 충분한 동의 없이 악에 참여하게 되고, 악에 참여함으로 인해 동의를 담당하는 우리의 기관은 훼손당하게 됩니다.

우리의 오류는 책임감을 죄의 특징으로 간주하는 것입니다. 형사법을 담당하는 사람들도 용의자가 어느 정도의 책임감을 지닌 채 범죄를 행하였는지를 알고 싶어 합니다. 이는 어리석은 일입니다. 왜냐하면 범죄행위란 책임감 있는 행동의 결과가 아니기 때문입니다. 그것은 책임감의 상실로 인해 야기되는 것입니다.

문제의 심각성, 충분한 숙고, 의지의 전적인 동의: 이것은 미덕의 설명들이지, 악덕의 설명들이 아닙니다.

토니 드 멜로(Tony de Mello)는 종종 자신의 피정 기간들 동안에 유사한 내용을 언급했습니다. 그의 말은 바로 우리가 온전히 인식할 때에는 죄를 범할 수 없다는 것입니다. 마치 탕자처럼, "마침내 제 정신이 들었을 때" 우리는 선한 쪽을 선택합니다(눅 15:17).

칼 로저스(Carl Rogers)와 그의 동료들은 이러한 현상을 심리치료를 받는 내담자들 안에서 발견했습니다. 내담자를 향한 심리 치료사의 무조건적이고 긍정적인 따뜻한 마음은 내담자에게 힘을 불어넣어 그가 인식하지 못했던 자아의 여러 모습들과 관계를 다시 맺도록 해줍니다.

내담자들이 종종 치료의 과정 중에 언급한 것처럼, 인간은 자기 자신(what he is)이 되어간다. 이것이 의미하는 바는, 개인이 경험 중에 느끼는 자기 자신이 되어가는 것은 인식하는 가운데에서라는 것이다. 달리 말하면, 개인은 하나의 완전하고, 온전히 기능하는 인간 유기체라는 것이다.

…어떤 사람이 온전한 인간이지 못할 때, 즉 그가 자신의 경험의 다양한 측면들을 인식하기를 거부할 때, 우리는 그 사람과 그의 행동을 두려워할 충분한 이유

를 갖게 된다. 이는 현실 세계가 증거하고 있는 바이다. 그러나 그가 온전한 인간일 때, 즉 그가 온전한 유기체일 때, 특별히 인간의 특징인 경험에 대한 인식이 가장 온전히 작동할 때, 그 사람은 신뢰할 수 있는 사람이며, 그의 행동은 건설적이다.

다니엘 제이 오헨런(Daniel J. O'Hanlon)도 같은 견해를 피력합니다.

…사랑의 표출이 가장 주요한 관심의 대상이 되도록 애쓰지 않아도, 사랑이 인식(awareness)으로부터 자연스럽게 흘러나오게 하는 것은 가능하다. 동양에서는 있는 것에 집착하지도 않고 혹은 그것을 제거하려 하지도 않은 채 자유롭게 인식하는 것에 관심을 기울이고 있다. 감정(feelings)과 욕구(desires)를 직접적으로 계발하거나 자극하는 것보다 그저 단순하게 인식하는 것, 즉 다른 매개를 사용하지 않은 채 단순히 주의집중 하는 것에 보다 많은 관심을 기울이고 있다. 이러한 인식의 훈련은 사랑과 긍휼(compassion)이 우리의 참된 자아의 자연스런 행위라는 확신에 근거를 두고 있다. 표피적인 사고와 무질서한 욕구들이 잠잠해질 때, 참된 자아는 우리 자신으로부터의 어떤 도움도 받지 않은 채 스스로 깨어난다. 진실로 그렇다. 참된 자아를 일깨우려는 우리의 의도적이고 서투른 노력들은 종종 말미잘을 콕콕 찌르는 것과 같은 결과를 얻게 된다. 그럴 때, 참된 자아는 더욱 견고하게 자신을 닫아버린다. 그러나 고요한 가운데 참된 자아가 방해받지 않도록 내버려두면, 참된 자아는 마치 수련(水蓮)이 만개한 것처럼 자신을 활짝 펼쳐 연다.

예수님은 온전하게 인식한 유일한 인간이었습니다. 그러므로 그는 온전하게 자유로운 유일한 인간이었습니다. 예수님은 항상 좋은 편을 택했습니다. 우리가 점점 더 예수처럼 되어 가면 갈수록, 점점 더 예수의 온전한 자유에 가까이 다가가게 될 것이고, 우리 또한 점점 더 좋은 편만을 택할 수 있게 될 것입니다. 마찬가지 방식으로, 기독교 신학은 죽어서 천국에 가 있는 사람들은 죄를 지을 수 없는 존재라고 생각해왔습니다. 지옥의 선택을 "불가능한 가능성"(impossible possibility)이라고 말한 바르트의 언급을 암시하면서, 딕(Deak)은 "비록 은총을 입은 사람들이 죄를 지을 수 있는 자유를 지니고 있지만 (즉, 죄를 짓는 것은 '가능하지만'), 바로 그들의 자유와 하나님을 아는 지식 때문에 죄를 지을 수 없다 (즉 그것은 '불가능하다')"고 역설합니다.

질문: 온전하게 자유로운 사람은 하나님께 "아니요"라고 말할 수 없다고 했죠? 그렇다면 아담과 이브, 혹은 타락한 천사들은 어떻게 된 것입니까? 그들은 온전히 자유롭지 못해서 하나님께 "아니요"라고 말했습니까?

창세기 2:5-3:24에 나오는 아담과 이브의 이야기는 때때로 온전히 자유로운 사람도 하나님께 "아니요"라고 말할 수 있다는 증거로 사용됩니다. 이레네우스(Irenaeus)의 견해를 따르면, 그 기사에 대한 또 다른 대안적인 해석이 가능합니다. 아담과 이브는 성숙이라는 측면에서 온전히 자유롭지는 못했습니다. 오히려 그 기사는 무의식에서 의식으로 이동해가는, 온전한 자유를 향한 모든 인간의 여정을 상징합니다.

타락한 천사의 이야기도 아담과 이브의 이야기와 유사한 요소를 지닙니다. 성서학자들은 일반적으로 타락한 천사의 이야기를 문자적으로 해석하여 역사적 사건으로 받아들여서는 안 된다고 생각합니다. 성서학자들은 또한 그 이야기의 근거가 성서에 존재하지 않는다고 생각합니다. 타락한 천사의 이야기는 정경에 포함되지 못한 신구약 중간기 문서인 에녹서에 등장하는 하늘의 전투에 근거를 두고 있습니다. 또 다른 근거는 아마도 창세기 6:1-4에 대한 잘못된 해석일 것입니다. 그 구절에 등장한 "하나님의 아들들"을 "사람의 딸들"과 결혼한 타락한 천사들로 해석한 것은 옳지 않습니다. 예루살렘 성경에 의하면, 4세기의 신학자들이 그 구절을 재해석했습니다. 하나님의 아들들은 타락한 천사들이 아니라 셋(Seth)의 후손들이고, 사람의 딸들은 가인(Cain)의 후손들을 지칭한다는 것입니다. 신약의 유다 1:6과 베드로후서 2:4에 등장한 타락한 천사들에 관한 기사는 아마도 창세기 6:1-4에 대한 오역에 근거를 둔 것 같습니다. 그러나 설령 그렇다 하더라도, 유다서와 베드로후서의 기자들이 언급한 타락한 천사들은 마지막 심판의 날에 풀려나게 될 가능성을 지닌 채 감금되어 있습니다. 유다 1:6에 대해 제롬 성서 주석(*The Jerome Biblical Commentary*)은 "베드로후서와 유다서에 등장한 심판을 기다리고 있는 감금된 천사들은 베드로전서 3:19 에 그리스도께서 설교한 대상인 '옥에 갇힌 영들' 과 여러 점에서 동일시된다"고 주해하고 있습니다. 그들이 영원히 정죄된 것이라면 그들에게 설교할 아무런 이유가 없는 것이죠. 희랍 정교회는 신자들에게 타락한 천사들의 (사탄을 포함하여) 구원을 위해 기도할 것을 권면합니다.

"하나님은 아버지입니다; 아니, 그 이상입니다. 하나님은 어머니이기도 합니다."

질문: 당신은 왜 남성성을 외부세계와 그리고 여성성을 내적세계와 동일시합니까?

남성과 여성이 지닌 다른 경향성은 심리적 측면에서 먼저 시작됩니다. 남성은 자신의 성기를 본질적으로 자신의 외부에 존재하는 신비를 관통하고 탐구하는 도구로 경험하는 반면, 여성은 자신의 자궁을 생명의 잉태와 양육을 가능하게 하는 신비의 내적 중심으로 경험합니다. 에릭 에릭슨(Erik Erikson)은 이러한 심리적 차이점의 결과들을 최초로 설명한 사람들 중 하나입니다. 장난감과 블록들을 사용해서 장면을 구성하도록 요청받은 300명의 어린 학생들을 연구함으로써, 에릭슨은 150명의 남자 아이들이 150명의 여학생들과는 전혀 다른 장면들을 일관되게 구성한 사실을 발견해냈습니다. 그들의 구성물의 차이점은 그들이 지닌 신체적 구조의 차이점과 동일한 것이었습니다. 남자 아이들은 높은 탑과 집을 돌출부들을 사용하여 짓고, 활동성과 위험성이 가득한 장면을 묘사하는 경향성이 있었습니다. 반면 여자 아이들은 잘 개발된 내부를 지닌 닫혀 있는 낮은 건물들을 짓고, 평화로운 장면을 묘사하는 경향이 있었습니다. 따라서 남자 아이들이 구성한 장면은 외부세계를 강조한 반면, 여자 아이들의 장면은 내적세계를 강조하였습니다.

질문: 하나님께서 여성이 아닌 것과 마찬가지로 남성도 아니라고 말하셨죠? 그러면 왜 우리는 삼위일체 하나님의 첫 번째와 두 번째 위격을 지칭할 때 "아버지"와 "아들"이란 남성적 용어를 사용합니까?

산드라 슈나이더스(Sandra Schneiders)는 이 문제를 다음과 같이 잘 설명하고 있습니다.

남성적 하나님의 이미지가 일반적인 그리스도인들의 상상력에 아무리 견고하게 자리 잡고 있다 할지라도, 신학적 전통은 결코 하나님께 성을 부여하지 않았다. 나지안주스의 그레고리(Gregory of Nazianzus)의 설명은 이러한 신학적 전통을 잘 대표한다. 삼위일체의 두 위격을 표현하면서 "아버지"와 "아들"이란 용어를 사용할 때, 그는 이러한 용어들이 본성(nature)이나 본질(essence)을 의미하는 것이 아니라 관계를 의미하는 것이라고 설명한다. 또한 관계를 의미하는 경우에도 그 용어들은 은유적으로 사용된 것이라고 말한다. 다시 말하면, 하나님은 아버지나 아들이 아니라, 기원(origin)이 기원에서 파생된 것과 관련되어 있듯이 삼위의 첫째 위격은 둘째 위격과 관련되어 있다. 고대의 사람들은 하나님이 실제로 인격적이라고 믿었기 때문에, 그리고 또한 자신들의 불완전한 생리적 구조로 인해 자손을 낳거나 혹은 창조적 행위를 하는 것은 남성에게 속한 것으로 믿었기 때문에, 그들이 삼위의 기원이 되는 첫째 위격을 지칭하기 위해 "아버지"란 용어를 선택한 것은 충분히 논리적이다. 그리고 파생된 자가 기원과 절대적으로 유사하며 동등하다는 것을 확언하기를 원했기 때문에, 둘째 위격을 "아들"이라고 불렀던 것이다. 그러나 그들은 이 용어들이 은유적으로 사용된 사실을 잘 알고 있었으며, 결단코 실제적인 성(sexuality)을 성서가 증언하고 있는 바의 온전한 영이신 하나님의 탓으로 돌리려 의도하지 않았다.

질문: 예수께서 우리에게 하나님을 "아바"(Abba) 혹은 "아버지"로 부르도록 말씀하셨을 때, 하나님을 남성으로 간주하도록 우리를 권면하셨던 것은 아닙니까?

"아바"(Abba)는 "아빠"를 의미합니다. 버나드 쿡(Bernard Cooke)에 따르면, 예수님의 아바의 사용은 여성과 반대되는 남성으로 하나님을 표현하고자 한 것이 아니라, 당시에 만연했던 거리감이 느껴지는 가부장적 하나님 이미지에 반하는 친밀한 부모와 같은 분으로 하나님을 표현한 것입니다.

예수께서 "아바"나 "아버지"와 같은 용어를 사용한 것을 주목하면서, 산드라 슈나이더스는 예수께서 자신을 계속적으로 "파송된 자," "아버지의 사업에 입문하여 때가 무르익어 아버지의 사업, 즉 세상의 구원을 도맡게 될 수 있게 되기까지 아버지의 도제가 되어 배우는 아들"로서 소개한 점을 우리에게 상기시켜줍니다. 슈나이더스는 다음과 같이 말합니다.

> 예수님 당시 가부장적 문화에서는 어머니가 독립적인 사업을 할 수 없었으며 아들에게 어떤 직업적 교육을 할 수 없었기 때문에, 어머니-아들의 관계는 이와 같은 의미를 담을 수 없었다. 구속적인 성육신 사건이 발생했던 당시의 문화적 제약들 아래서, 예수님은 자신의 정체성에 관한 독특한 계시를 설명하기 위해 거룩한 아버지의 아들로서 자신을 표현하게 된 것이다…예수님은 결단코 하나님을 오직 남성성만을 지닌 분으로 경험하거나 생각하지도 않았다. 만약 그랬다면, 예수님은 하나님을 소개할 때 여성적 은유들을 사용하지 않았을 것이다.

사실, 문화적 제약에도 불구하고, 예수님은 때때로 하나님을 소개하기 위해 여성적 은유들을 사용했습니다. 가령, 누가복음에는 하나님의 자비로운 용서에 관한 예수님의 세 가지 비유가 기록되어 있습니다. 그 중 두 번째 비유에서 예수님은 하나님을 잃어버린 동전을 찾는 가정주부로 표현합니다(눅 15:8-10; 마 23:37, 13:33). 하나님을 여성적으로나 모성적으로 표현할 때, 예수님은 그것들을 구약성서로부터 끌어냅니다. 예를 들면, 이사야는 하나님을 산고 중에 있는 사랑의 어머니로, 민수기의 저자는 자녀를 낳아 젖을 먹이며 가슴에 안고 다니는 자애로운 어머니로 묘사합니다 (민 11:12; 출 34:6; 신 32:18; 사 49:15, 63:15, 66:13; 시 131:2).

질문: 나는 마리아가 우리의 어머니이며, 마리아에게 항상 기도하라고 배웠습니다. 그렇다면 왜 하나님 어머니가 필요합니까?

마리아를 참으로 존중한다 해도, 마리아로서 그 문제가 해결되지는 않습니다. 마리아는 일반적으로 매우 특별한 인간으로 묘사되지만, 그럼에도 불구하고 인간입니다. 따라서 마리아는 하나님께 종속된 존재입니다. 그러므로 그녀는 기독교 영성에 존재하는, 여성이 남성에게 종속된다는 불균형을 바로잡아 주지는 못합니다.

질문: 당신의 라하밈(rahmim)에 대한 언급은 하나님의 사랑의 측면에는 오직 여성적 측면만이 존재한다는 것을 의미합니까?

절대로 아닙니다. 요한 바오로 2세는 하나님의 거룩한 자비의 양 측면을 두 가지 히브리 단어, 라하밈(rahamim)과 헤세드(hesed)를 사용하여 설명합니다. 이들은 서로 다른 두 가지 사랑의 방식을 의미합니다. 헤세드는 하나님의 신실하심, 즉 하나님의 부성적 사랑을 의미합니다. 하나님은 스스로에게 신실하기 때문에, 자신의 약속에 신실하십니다. 라하밈은 하나님의 부드러운 긍휼(compassion), 즉 하나님의 모성적 사랑을 의미합니다. 하나님은 결코 자신의 자궁에서 난 자녀를 거부하지 않습니다.

질문: 남성성은 하나님의 초월성을, 여성성은 하나님의 내재성을 강조한 것이라는 당신의 견해와 같은 것을 들어본 적이 없습니다. 이러한 당신의 견해를 지지해주는 다른 사람들이 있습니까?

외부세계에 대한 남성성의 강조는 하나님의 초월성에 대한 인식을 장려하고, 반면 내적 세계에 대한 여성성의 강조는 하나님의 내재성에 대한 인식을 장려한다는 생각을 맨 처음 주장한 사람은 에릭슨입니다. 제임스 넬슨(James Nelson)도 비슷한 주장을 합니다.

> 여성은 자신의 성을 보다 내적이고 신비로운 것으로 경험하는 경향이 있는 반면, 남성은 자신의 성을 신비를 간직한 것으로서가 아니라 본질적으로 자신의 외부에 존재하는 신비를 관통하고 탐구하는 도구로서 경험하는 경향이 있다.
> …이러한 육체의 경험들은 남성으로 하여금 일정한 영적 형태에 경도되도록 만든다. 그러한 영적 형태 중 하나는 외부성(externality)이다. 신비는 내부에 있기보다는 "외부 저 곳"에 존재한다. 자아 저 넘어 존재하는 신비를 경험하기 위해선, 자아는 자신에게 그어진 구체적인 경계선들을 넘어 신비 안으로 침투하여야만 한다. 신비는 탐험되어져야 하고, 필요시에는 정복되어져야 한다. 이 사실은 궁극적 신비인 하나님께도 적용된다. 하나님은 내재적으로 보다는 초월적으로, 즉 우리 안보다는 우리를 초월하여 밖에 계신 분으로 경험된다. 이것은 남성 중심적인 신학의 특징이 되었다…신비는 내부로 끌어안는 것이라기보다는 침투하여 관통해야 하는 타자로 간주되는 경향성이 존재한다. 이러한 경향성의 주된 빛깔은 정복, 분석, 구별, 이해이다. 신비 그 자체는 질서, 구조, 법, 합리성과 같은 전형적인 남성적 미덕들이 그 핵심적 특징을 이루는 것으로 이해되기가 쉽다.

조셉 켐벨(Joseph Campbell)은 "신이나 창조주가 어머니인 종교에서는, 전 세상은 창조주 어머니의 몸이다. 어머니의 몸이 아닌 곳이 없다. 남성 신은 보통 저 어딘가에 멀리 존재한다"고 말합니다.

질문: 당신은 남성과 여성이 어떻게 서로 다른 방식으로 하나님을 인식하는가에 대해 언급했습니다. 그렇다면, 이 사실은 또한 남성과 여성이 구원의 전 과정도 서로 다른 방식으로 인식한다는 것을 의미합니까?

왜곡된 남성적 가치를 하나님께 적용한 또 하나의 측면은 구원이 상호 연결되어 있는 공동체의 구성원인 우리에게 주어진 것이라기보다 독립된 개인인 각자에게 주어진 것이라고 인식하는 것입니다. 캐롤 길리건(Carol Gilligan), 조앤 콘(Joann Conn)과 여러 학자들이 주장한 것처럼, 남성성의 강조는 독립성(autonomy)을 지향하는 반면, 여성성의 강조는 상호연결성(interconnectedness)을 지향합니다.

지옥에 대한 전통적 이해는 남성성의 강조점을 반영해왔습니다. 다시 말하면, 각 개인은 분리된 독립체로 천국이나 지옥을 선택하는 것으로 이해되어왔습니다. 이 이해가 지닌 한계성은 나(Sheila)의 어머니가 돌아가셨을 때 분명하게 드러났습니다. 나의 어머니는 생전에 사랑이 많은 분이 아니었습니다. 아마도 지옥에 갔을 거라고 일부의 사람들이 생각할 정도로 허물이 많은 분이었습니다. 어머니 생전에, 나는 종종 어머니를 위해 기도하며, 어머니께 사랑을 표현했습니다. 어머니에게서 내게로 돌아오는 것은 아무 것도 없었습니다. 그런데, 돌아가신 후에 어머님의 사랑을 성도의 교제(the communion of saints)를 통해서 처음으로 느낄 수 있었습니다. 나는 어머니가 치유된 상태로 하나님과 함께 있다는 것을 압니다. 비록 나는 할머니, 고모들, 여선생님들의 사랑을 받고 자랐지만, 이전에는 결코 알지 못했던 성도의 교제를 통해 느낀 어머님의 사랑은 독특한 것이었습니다. 이 사실은 나를 놀랍게 치유하였고, 나의 성장에도 소중한 영향을 미쳤습니다. 만약 어머니가 영원히 지옥에 버려져 있다고 한다면, 나 자신의 한 부분이 영원히 상실된 것과 같았을 것입니다. 우리가 상호 연결되어 있다는 여성적 통찰은 우리 모두가 함께 구원받거나 혹은 함께 버림받는다는 것을 암시합니다.

로빈슨(Robinson)도 몸에 대한 히브리적 이해에 근거하여 같은 결론에 도달합니다. 히브리인들은 몸을 우리의 개체성을 상징하는 것으로 이해하기보다 모든 피조물들과의 연대성을 상징하는 것으로 이해합니다. 그러므로 몸의 부활에 관한 교리는,

> …각 개인들이 전체로부터 분리된 채로 구원받을 수 없다는 확신어린 주장입니다. 몸을 통하여 각 개인은 우주의 삼라만상과 유기적으로 연결되어 있습니다. 이 거대한 한 덩어리로부터 분리된 개인적 구원은 없습니다. 개인의 구원은 그 전체

안에서 그리고 그 전체와 더불어 이루어집니다. 기독교의 복음은 개인을 자연이나 역사로부터 구출하는 것이 아니라…모든 피조물 사이의 수많은 관계들을 구원하여 새 하늘과 새 땅, 하나님의 도성, 그리스도의 몸으로 변화시키는 것입니다 (롬 8:19; 빌 3:21; 기타 등등).

달튼(Dalton) 또한 우리가 함께 구원받거나 함께 버림받는다는 점을 분명히 합니다. 그는 우리의 사랑의 결핍으로 인해 타인이 실패하는 일이 발생하지 않도록 상호 책임성을 강조합니다.

…만일 나의 형제 중 누군가가 영원한 지옥에 처하게 된다면, 내가 참으로 구원받을 수 있겠는가? …나의 모든 죄악은 세상 죄의 전염성을 더욱 강력하게 만듭니다. 세상 죄의 전염성은 하나의 나쁜 예나 개인적 영향력의 차원을 훨씬 넘어서는 것입니다. 우리 모두는 부분적으로 다른 사람들이 미래에 짓게 될 죄에 책임이 있습니다.

질문: 내가 남성적 하나님만을 알고 있다면, 성숙한 인간이 될 수 없다는 말입니까?

우리는 누가 성숙한 인간인가를 판단하길 원치 않습니다. 그러나 남성적 하나님만을 알고 있는 사람들은 성심리(psychosexual)적 측면의 성숙에 도달하기가 어렵습니다. 왜냐하면 우리는 우리가 숭배하는 그 하나님(the God)을 닮아가기 때문입니다. 가령, 조앤 콘(Joann Conn)은 자신의 여학생들 중에서 개인적 성장이 위축되어 있는 학생들을 발견했습니다. 그들은 주로 하나님을 오직 남성으로만 그리는 것에 대해서나, 여성에게 남성과 동일한 사역을 허락하지 않은 교회의 결정에 대해서 개의치 않아하는 학생들이었습니다. 반면 정체성의 성장을 경험하고 있는 학생들은 하나님과의 관계에서 여성성이 배제된 하나님 이미지로 인해 발생되는 긴장을 경험한다는 사실을 또한 발견했습니다. 그러므로 성숙해가는 여성으로서의 정체성의 특성과 하나님의 특성 사이에 연속성을 발견하지 못한 여성은 자신의 가장 깊은 정체성을 버리거나, 그렇지 않으면 하나님에 대한 믿음을 버리거나 (혹은 최소한 수정하거나) 하게 됩니다.

하나님의 여성적 이미지를 지니지 않은 남성 또한 자신 안에 있는 여성성과는 담을 쌓고 살아가게 됩니다. 역으로 자신 내부의 여성성을 발견하고자 노력한다면, 그는 더 이상 하나님에 대한 믿음을 성장의 주요한 자원으로 여기지 않게 될 것입니다. 앤드류 그릴(Andrew Greeley)에 따르면, 여성성을 자신의 하나님 이미지에 포함하고 있는 남성이 보다 균형 잡힌 인격을 지니며, 보다 영적으로 성숙하고, 여성과도 보다 좋은 관계를 유지하는 경향성을 띠며, 사회 정의에도 보다 헌신적입니다.

질문: 우리 문화에서 여성을 고통스럽게 하는 상처들 중 하나는 성폭력입니다. 우리의 하나님 이미지를 변화시키는 것이 성폭력의 문제해결에도 영향을 미칠까요?

그렇습니다. 우리 문화와 교회에서 여성을 평가절하 함으로 나타나는 증상은 미국 사회의 높은 성폭행 발생률입니다. 이와는 대조적으로, 페기 센데이(Peggy Sanday)는 하나님의 여성적 이미지를 지닌 문화에서는 그리고 여성이 종교적 제의에서 적극적인 역할을 맡는 문화에서는 성폭행 발생률이 아주 낮거나 거의 없다는 것을 발견했습니다.

우리의 하나님 이미지를 변화시키는 것이 왜 그렇게 중요한가?

질문: 타인을 향한 폭력이 우리의 하나님 이미지와 관련이 있다는 예들을 제시해주시겠습니까?

우리는 이미 사형제도가 우리 사회의 많은 사람들이 지니고 있는 복수하는 하나님 이미지와 관련이 있다고 언급했습니다. 무고한 사람들이 사형집행을 당하는 경우가 있음에도 불구하고, 1991년 6월에 행한 갤럽조사는 미국인의 76%와 가톨릭 신자의 77 퍼센트가 (비록 미국 가톨릭 주교들과 대부분의 종교 지도자들이 사형제도에 반대하고 있음에도 불구하고) 살인죄의 선고를 받은 사람들에게 사형을 언도하는 것을 지지한다는 것을 보여주었습니다. 존 삭스(John Sachs)는 한스-유르겐 페르바이언(Hans-Jürgen Verweyen)의 말을 인용하여 다음과 같이 적용하였습니다.

> 자신을 제외하고 그 어떤 한 사람이라도 잃어버릴 수 있다는 가능성을 고려하는 사람은 무제한적으로 사랑할 줄 모릅니다…우리가 어떤 사람들은 지옥에 영원히 처하게 될 것이라는 생각을 조금이라도 지니게 된다면, 우리는 인간의 공동운명체성(togetherness)이 어려움에 처하게 되는 순간에 타인을 버리고자 하는 유혹에 빠지게 됩니다.

또 다른 예는 "우리 편에 계신 하나님"이란 찬양을 부르며 싸웠던 몇몇의 전쟁들입니다. 수세기 동안 미국은 "북부군의 전쟁 찬송가"를 불러 오고 있습니다. 그 찬송가는 "심판의 보좌"에 앉아서 "무섭고 빠른 칼"을 휘두르는 복수하는 하나님을 찬양하는 것입니다. 우리는 원주민 인디언들과의 전쟁을 혹은 다른 나라들과의 전쟁을 정당화하기 위하여 이 찬양을 불렀습니다. 우리는 이 찬송가가 찬양하고 있는 복수하는 하나님처럼 복수심 가득하게 행동해왔습니다. 가톨릭 신학자인 토머스(Thomas)와 걸투르드 살토리(Gertrude Sartory)는 지옥을 믿는 기독교의 신앙과 기독교의 대량학살 자행과의 관계를 다음과 같이 서술합니다.

> 이 세상의 어떤 종교도 (인류 역사상 그 어떤 종교도) 다른 생각을 지닌 수많은 사람들이 다른 믿음을 갖고 있다는 사실을 꺼림칙하게 생각하지 않았습니다. [이 점에서] 기독교는 지금까지 존재해온 종교들 가운데 가장 잔인하다고 말할 수 있습니다. 오늘날 기독교인들은 잔악하게 행동했던 과거에 대해 책임감을 지녀야 하며, 그러한 과거의 모습을 극복해야 합니다…만일 하나님이 어떤 사람을 다른 이유가 아니라 단지 그가 이방인, 유태인, 이단자라는 이유만으로 영원한 지옥에 처한다면, 우리로서는 모든 이방인, 유태인, 혹은 이단자들을 아무짝에도 쓸모없고 살만한 가치가 없는 존재로 생각하지 않을 수 없게 됩니다. 이런 관점에서

보면, "기독교인" 정복자들이 남미와 북미의 인디언들을 말살한 것도 상당히 일관성이 있는 것입니다. "지옥"의 교리에서 보면, "세례냐? 아니면 죽음이냐?"는 이해할만한 모토(motto)였습니다.

지옥에 대한 두려움이 중독과 부정적인 행동들을 야기하는가?

질문: 당신은 (하나님에게, 우리들 자신에게, 타인과 우주에게) 소속되지 않은 느낌이 모든 중독의 밑바닥에 자리 잡고 있다고 말합니다. 그렇다면, 유전적 요소는 어떻게 된 것입니까?

소속감의 필요성을 강조한다고 해서, 중독의 유전적 소인을 결코 가볍게 여기는 것은 아닙니다. 우리는 유전적 요인이 어떤 것에 중독되는가에 대해 (가령, 술, 과식, 아동에 대한 이상 성욕 등등), 즉 중독의 종류에 대해 영향을 미친다는 것을 알고 있습니다. 그러나 중독 그 자체는 해소되지 않은 내적 고통을 처리하는 하나의 방식입니다. 달리 말하면, 내가 수치심과 외로움으로 가득 차 있고, 사랑을 주고받는 것과 같은 건강한 방식으로 그 감정들을 처리하는 방법을 알지 못한다면, 나 자신은 아마도 유전적 요인의 영향을 받아 내적 고통을 회피하기 위해 마시거나, 먹거나, 아동들에게 치근거리거나 할 것입니다. 중독과 회복에 있어 소속감의 중요성은 우리들의 다른 책 『소속감: 치유와 회복의 끈』(*Belongings: Bonds of Healing & Recovery*)에서 다루어져 있습니다.

질문: 지옥을 두려워하는 것이 일반적으로 중독이외의 감정적 질병과도 어떤 관련이 있습니까?

어린 자녀들을 양육하는 한 치료사는 "자녀들을 교정하길 원한다면, 내가 결코 그들을 버리지 않을 것이라는 사실을 그들이 알 수 있는 환경을 조성하는 것이 급선무입니다"라고 말하였습니다. 그 치료사는 잘할 때만 사랑받는다는 전제에 의거하여 잘못하였을 경우에 버림받아 소속감을 상실하게 되는 것에 대한 두려움이 단지 중독뿐만 아니라 대부분의 감정적 질병의 근저에 자리 잡고 있다는 것을 이해한 것입니다. 우리는 이러한 두려움이 먼저 부모와의 관계에서 발생하며, 연후에 하나님과의 관계에도 투사되는 경향이 있다는 것을 알아야만 합니다. 위대한 스위스 정신의학자인 폴 투르니에(Paul Tournier)는 "하나님의 사랑을 상실하는 것을 두려워함-이것은 우리 인간의 문제와 심리학의 핵심이다"고 서술합니다. 버나드 쿡(Bernard Cook)이 말한 바와 같이, 심리적 건강은 하나님이 다음과 같은 분이라는 것을 아는 것을 필요로 합니다.

> 우리 인간을 향한 [하나님의] 긍휼과 사랑은 절대로 변덕스럽지 않으며 신실합니다. 하나님은 우리를 맘에 들어 하지 않다가 어떤 때는 더욱 상냥하게 대해주는 것과 같이 기분 내키는 대로 행동하시지 않습니다. 하나님은 기분이 상하거나, 우리에게 즐겁게 해달라고 요청하지 않으십니다. 하나님의 용서는 우리들의 죄의 인정과 회심에 대한 응답이 아닙니다. 역으로 하나님의 용서가 우리의 회개와 회심을 가능하게 하는 요인입니다.
>
> 사랑의 부모가 자녀를 다루는 방식은 어떤 면에서 하나님께서 인간의 죄를 다루는 방식을 이해하는 데 통찰을 줍니다. 사랑의 부모는 자녀들이 스스로 잘못된 행위들을 인식하도록 인도하여, 적절한 연령이 되었을 때 그 행위들이 꾸중을 들어 마땅한 행위라는 것을 인식하도록 도와줍니다. 또한 사랑의 부모는 자녀들이 변화되어 보다 나은 행동의 습관과 태도를 지니도록 도와줍니다. 그러나 부모의 용서는 용서할만한 어떤 것을 자녀가 행할 때까지 유보되지 않습니다. 용서는 자녀가 "죄"를 범하기 이전에 이미 전제되어 있습니다. 용서의 시기는 결코 중간의 어느 시점으로 축소될 수 없습니다. 용서는 보다 도덕적 책임감을 지닌 존재가 되도록 자녀들을 인도하는 부모의 모든 노력을 가능하게 하는 힘의 원천입니다.

치유는 징벌이 아니라 오직 사랑에 의해서 가능하다

질문: 만일 징벌의 두려움이 사람을 변화시킬 수 없다면, 왜 성경은 하나님을 두려워하라고 말씀합니까?

혹자는 성경이 "하나님을 두려워하라"고 했다면서, 두려움을 이용하여 타인의 행동을 통제하는 것을 정당화합니다. 그러나 "주를 두려워하라"는 표현에서와 같이 두려움으로 번역되는 단어(*phobos*)는 타인에 의해 협박당하는 것을 의미하지 않습니다. 윌리엄 바클리(William Barclay)에 의하면, 그 단어를 하나님과 관련하여 번역할 때는 사랑의 경탄을 의미하는 "경외감 넘치는 존경"으로 번역하는 것이 더 좋습니다(참조, 시 103:11-17).

우리는 모두 착한 염소들 입니다

질문: 마태복음 25장이 종종 어떤 사람들은 천국에 가고, 어떤 사람들은 지옥에 가는 것을 입증하는 본문으로 인용되는 것을 들었습니다. 당신의 해석을 입증하는 또 다른 증거들을 제시할 수 있습니까?

딕(Deak)의 마태복음 25:31-46 에 관한 해석은 우리들의 해석과 유사합니다. 그에 의하면, 양과 염소는 두 종류의 다른 사람들의 무리를 대표합니다. 그러나 실제로는 모든 사람 각자의 내부에 공존하는 두 가지 실재, "실현된 선함"과 "과거의 실패"를 대표합니다. 우리는 이러한 해석이 그 본문의 의미를 훼손한다고 생각하지 않습니다.

우리는 계시의 "아직"(not yet)이라는 역사적 측면을 부정하지 않습니다. 따라서 오늘날 우리들의 경험의 차원에서는 하나님의 나라가 "오직"(only) 우리 내부에만 존재한다고 말할 수 있습니다. 그러나 마찬가지로, 오늘날 우리들의 경험의 차원에서는 하나님의 나라가 "또한"(also) 우리 내부에도 존재한다고 말할 수 있습니다.

그러므로 오늘날 우리들의 내적 경험은 천국과 지옥의 신비를 이해하기 위한 소중한 정보입니다.

다른 한편으로, 딕은 이 구절을 보다 역사적으로 해석하여, 양과 염소가 역사적인 두 무리들을 지칭한다고 생각합니다. 그는 염소의 무리에게 주어진 메시지를 실제로 일어날 일에 대한 선언이 아니라 경고로 이해합니다. 염소가 처하게 된 상태를 언급하면서, 딕은 "하나님의 은혜와 자비를 고려해볼 때, 이처럼 절망스러운 상태에 빠진 인간이 있을 거라고 확언할 수 없다"고 말합니다. 위대한 성서학자인 윌리엄 바클리는 자신을 "확신에 찬 보편론자"(universalist)로 소개합니다. 왼편에 있는 염소들이 "영원한 형벌"에 처해지는 마태복음 25:46 을 주해하면서, 그는 이 구절이 실제로 의미하는 바는 영원한 저주가 아니라 오히려 우리의 시간 개념과는 다른 영역에서 발생하는 하나님의 교정과 치유의 행위라고 말합니다.

> 징벌에 해당하는 헬라어는 코라시스(*kolasis*)입니다. 이는 원래 윤리적 의미의 용어가 아니었습니다. 원래의 의미는 나무가 잘 자라도록 가지를 쳐주는 것입니다. 헬라어로 쓰인 모든 세속 문학작품에서 *kolasis*는 치료를 위한 처벌 외에 그 어떤 의미로도 사용되지 않았다는 것은 사실입니다. 영원을 의미하는 단어는 아이오니오스(*aionios*)입니다. 그러나 이 용어를 고안한 플라톤에게, 이 용어는 영원 이상을 의미했습니다. 플라톤은 어떤 것이 단순히 영원(everlasting)할 수는 있지만 그렇다고 해서 아직 아이오니오스(*aionios*)하지는 않다고 말합니다. 쉽게 말하면 이 용어는 하나님 외에 그 누구에게도 적절하게 사용될 수 없는 단어입니다. 플라톤의 이해처럼, 이 용어는 오직 하나님에게만 적용되는 단어입니다. 따라서 영원한 징벌이란 문자적으로 하나님께서 내리는 하나님의 속성에 걸맞은 치유를 위한 처벌, 그리고 오직 하나님만이 줄 수 있는 치유를 위한 처벌을 의미합니다.

질문: 지옥에 관한 성서 구절들을 상징적으로 해석하는 것은 교회의 가르침을 왜곡하는 것이 아닙니까?

진짜 왜곡은 오히려 성서 구절을 문자적으로만 해석할 때 발생한다고 믿습니다. 또한 특정한 시대에 상징적으로 해석하도록 의도된 구절들을 모든 시대에 해당하는 것으로 해석할 때 왜곡이 생깁니다. 로즈메리 래트포드 류터(Rosemary Radford Reuther)는 이러한 현상을 "절대화된 상상력의 독재"라고 칭합니다. 폴 틸리히는 다음과 같이 기술했습니다.

> 비종교적인 서구 세계로의 진입을 위한 첫 번째 발걸음은 종교 그 자체에 의해 촉진된 것이다. 이는 바로 세계와 인생의 해석을 위한 도구로 사용된 종교 자신의 위대한 상징들을 상징이 아니라 문자적으로 받아들여야 할 이야기라고 옹호하였을 때 발생한 것이다.

칼 라너와 여러 신학자들은 오늘날의 교회가 필요로 하는 것은 지옥에 관한 교리의 재형성이라고 말합니다. 이러한 교리의 재형성은 대단히 중요합니다. 왜냐하면 교회의 많은 공식적인 가르침들은 예수님께서 상징적 해석을 의도하며 사용했던 "불"(fire), "영원한"(everlasting), "지옥"(hell)과 같은 성서 용어들을 문자적으로 해석한 것에 기초한 것이기 때문입니다. 윌리엄 달튼은 다음과 같은 예를 제시합니다.

> 리용에서 있었던 첫 번째 에큐메니컬 공의회는 저주 받은 자들은 소멸되지 않는 지옥 불에서 영원히 고통을 당한다고 선언하였다. 그 공의회에 참여했던 교부들의 생각이 무엇이었든지 간에, 그들의 용어들이 상징적으로 해석되지 않는다면, 그것들은 오늘날 오해와 오류를 낳게 된다.

질문: 당신은 천국과 지옥에 관한 언어는 상징적으로 이해되어야만 한다고 말합니다. 그렇다면 "영원히 소멸되지 않는 지옥 불"과 같은 용어들은 어떻게 이해해야 합니까?

"영원히 소멸되지 않는 지옥 불"에 관해 언급할 때, 예수님은 이 표현을 자기 파괴를 향해 달려가고 있는 인간의 혼돈을 서술하기 위한 이미지로 사용하고 있습니다. 우리가 지옥이라고 번역한 단어는 히브리어 게헤나(gehenna)에서 나온 것입니다. 게헤나는 쓰레기장으로 사용되었던 예루살렘 남동쪽에 있는 계곡이었습니다. 계곡의 지리적 조건은 쓰레기를 소각한 불이 계속해서 타오를 수 있도록 지속적인 바람의 기류를 창출했습니다. 이러한 계곡의 모습은 예수님의 시대 이전까지 여러 세대에 걸쳐 유지되었습니다. 게헤나 혹은 지옥이 주는 시각적 메시지는 "당신 스스로를 돌보지 않는다면, 당신은 바로 그 소각되는 쓰레기와 같은 존재가 될 것입니다"라는 것입니다. 유태인들에게, 게헤나는 이 세계의 한 부분입니다. 즉 지금 이곳에서 벌어지는 것을 설명한 것입니다. 달리 말하면, 예수님은 그 용어의 신학적 정확성을 판단하지 않은 채 그리고 미래의 처벌의 장소를 문자적으로 설명하려는 시도를 하지 않은 채, 예수님 당시의 사람들이 이해하고 있는 이미지를 사용하고 있습니다. 오히려 예수님이 복수심 가득한 징벌의 위협에 대해 언급한 다른 장면들에서처럼, 이 표현을 사용한 것은 사람들을 지옥에 보내려는 의도에서가 아니라, 제자들이 순종함으로 성숙하여 서로를 더욱 사랑할 수 있게 되는 것이 얼마나 중요한 일인가를 보여주기 위해서입니다.

가령, 마태복음 25장에서 예수님은 지옥의 이미지를 사용하여 굶주린 자를 먹이고, 헐벗은 자를 입히고, 옥에 갇힌 자를 방문하는 것과 같은 인간적 가치들에 관한 예수님 자신의 궁극적인 관심을 강하게 드러냅니다. 예수님이 그린 종말적 이미지들은 미래의 처벌을 정확하게 설명하는 것이 아니라, 제자들의 상호 사랑에 관한 예수님 자신의 궁극적인 관심을 강조하여 표현한 것입니다. 예를 들어, 죄인들이 그 안에서 고통당함으로써 자신의 죄를 속죄하도록 하나님이 만드신 화염은 실제적 화염을 의미하지 않습니다. 칼리스토스 웨어(Kalistos Ware)에 의하면, 불은 지옥에서조차도 현존하시는 하나님의 사랑을 드러내는 이미지입니다. 라너는 다음과 같이 언급했다.

    예수께서 영원한 지옥행을 지금 이 순간 우리를 위협하는 가능성으로 설명하기 위해 사용한 은유들은 그 당시 묵시문학에 등장하는 이미지들이다(불, 벌레, 어둠)…심지어 '영원한 상실'(eternal loss)과 같은 용어도 본질상 하나의 이미지이다.

예수님은 "영속적인"(everlasting)이나 "영원한"(eternal)에 해당하는 헬라어 "아이오니오스"(*aiónios*)란 용어를 일시적인 상태를 설명하기 위한 하나의 이미지로 이해하였습니다. 아이오니오스(*aiónios*)는 헬라어 명사인 아이온(*aión*)의 형용사형입니다. 『헬라어-영어 신약성서 언어 사전』(*Greek-English Lexicon of the New Testament*)은 아이온(*aión*)의 의미를 한 세대나 한 사람의 일생이라는 기간과 영원이라는 기간 사이에 존재하는 하나의 불명확한 시간의 기간으로 설명합니다. 예수님에게도 영원한 지옥 불이란 이미지는 바람의 기류가 게헨나의 쓰레기 더미를 계속해서 불타오르게 할 수 있는 동안의 불명확한 시간의 기간을 의미했을 것입니다.

이미 언급한 바와 같이, 성서학자인 윌리엄 바클리는 아이오네스를 시간의 양이 아니라 시간의 다른 질(인간의 시간이 아니라 하나님의 시간)을 지칭하는 것으로 정의합니다. 그는 "우리가 영생(eternal life)을 영원히 지속되는 생명이라고 생각하는 거의 본능적인 전제로부터 자유로워지지 않는다면, 우리는 결코 영생의 의미를 온전히 알 수는 없을 것입니다"라고 말합니다.

조지 멜로니(George Maloney)는 "비록 70인역 성경이 다니엘서나 마카비서 같은 데서 '영원히'(forever), '영구한'(eternal), '영속하는'(everlasting) 것과 같은 단어들을 사용하지만, 그 의미는 하나의 불특정한 시간의 기간을 대중들이 알기 쉬운 방식으로 설명한 것입니다. 그러므로 '영원히'나 '영속하는'이란 용어는 하나의 이미지이며, 결코 "우리가 오늘날 이해하는 바와 같은, 결코 끝나지 않고 영속하는 무한한 시간의 형이상학적 개념"만을 의미하지는 않습니다. 아마도 기억해야 할 가장 중요한 점은 "영속하는" 그리고 "영원히"라는 용어가 이미지라는 것뿐만 아니라, 그것들이 사랑하는 이에 의해 사용된 이미지라는 것입니다. 하루도 사랑하는 사람에게는, 가령 잃어버린 탕자나 맏아들을 찾는 아버지에게는, 영원이 될 수 있습니다. 데니스와 매트의 할아버지가 돌아가신 후에, 할머니는 하루가 그녀의 과거 52년의 결혼 기간보다 길게 느껴진다고 말했습니다. 만일 당신이 화해할 필요가 있는 사람의 전화를 몇 시간이라도 기다려 본 경험이 있다면, 당신은 그 몇 시간이 영원처럼 느껴질 수 있다는 것을 알 것입니다.

자료들

Augustine Contra Julianum opus imperfectum, liber 6, XI (PL 45, col. 1519, line 42), trans. by Francis Kelly Nemeck, O.M.I.

Kenneth Bailey, *The Cross and the Prodigal* (St. Louis: Concordia, 1973). 잃은 양, 22.

Kenneth Bailey, *Poet and Peasant and Through Peasant Eyes* (Grand Rapids: Eerdmans, 1976). 예수님의 발을 씻긴 여인, 1-21. 돌아온 탕자, 164, 176-177, 183-184, 195.

William Barclay, *New Testament Words* (Philadelphia: Westminster, 1974). 포보스(*Phobos*), 227-232. 아이오니오스(*Aiónios*), 33-41.

William Barclay, *A Spiritual Autobiography* (Grand Rapids: Eerdmans, 1975). 마 25, 58-61.

Karl Barth, *Church Dogmatics*, trans. by G. L. M. Haire, et al. (Edinburgh: T & T Clark, 1936), II/2. "불가능한 가능성," 503.

Karl Barth, *Table Talk,* ed. by John D. Godsey (Edinburgh: Oliver and Boyd, 1963). 자유, 37.

Nikolai Berdyaev, *The Destiny of Man* (New York: Charles Scribner's Sons, 1937). 지옥을 벗어나게 하는 자유, 348.

Nikolai Berdyaev, *Truth and Revelation*, tr. by R. M. French (London: G. Bles, 1953), 114 and *Dream and Reality* (London: G. Bles, 1950), 71. 하나님과 형사재판에 관하여. 양자 모두 딕(Deak)에서 인용됨, 22.

Ladislaus Boros, "Regarding the Theology of Death," in *Readings in Christian Eschatology*, ed. by Franz Mussner (Derby, NY: Society of St. Paul, 1966), 124ff.

Raymond E. Brown, *The Gospels and Epistles of John* (Collegeville: Liturgical Press, 1988). 파라클레토스(*Parakletos*), 80.

Serge Bulgakov, The Orthodox Church (London: Centenary Press, 1935), 208-209.

James Tunstead Burtchaell, C. S. C., "An Ancient Gift, a Thing of Joy," *Notre Dame Magazine* (Winter, 1985-86). 탕자, 15. 재판 같은 고해성사, 16. 죽음에 이르는 죄, 18. 아래를 지향하는 명상, 22; 또한 다음의 책에서도 발견됨, *Philemon's Problem: The Daily Dilemma of the Christian* (Chicago: ACTA, 1973).

Joseph Campbell, *The Power of Myth* (New York: Doubleday, 1988). 아벨라드의 구원 신학, 112. 어머니로서의 하나님, 49.

Joann Wolski Conn, "Spirituality and Personal Maturity," in Robert J. Wicks et al. (eds.), *Clinical Handbook of Pastoral Counseling* (New York: Paulist Press, 1985), 37-57. 자율과 상호연계성에 관하여.

Joann Wolski Conn, "Restriction and Reconstruction," in *Women's Spirituality* (Mahwah, NJ: Paulist Press, 1986). 하나님의 여성적 이미지, 14-16.

Bernard Cooke, "Forgiving Yourself: The Basis of All Reconciliation," *Praying*, No. 19(July-August, 1987). 우리를 향한 하나님의 태도, 11.

Bernard Cooke, "Non-Patriarchal Salvation," in Joann Wolski Conn (ed.), *Women's Spirituality* (Mahwah, NJ: Paulist Press, 1986) 274-286. 예수님이 하나님을 "아바"라고 부른 것에 관해서.

William J. Dalton, S. J., *Salvation and Damnation* (Theology Today Series, #41) (Butler, WI: Clergy Book Service, 1977). 성서 연구가 종종 지옥에 처해진 사람들이 있다는 것을 논증하기 위해 사용되기도 하였다. 오리겐(Origen), 75-76. 누가 16:19-31, 37. 마태 25, 40. 인간의 죄에 대한 바울 사도의 관점, 44. 공동 책임, 73. 상징 언어, 17-73, 80.

Esteban Deak, *Apokatastasis: The Problem of Universal Salvation in Twentieth Century Theology* (Esteban Deak: Toronto, 1979, ISBN #0969011504). 보편적 구원에 대한 개신교와 천주교의 견해 요약. 검사로서의 하나님, 22, 33-38, 284-285, 307-315, 359. 지옥을 "불가능한 가능성"으로 보는 바르트의 견해, 278, 346. 보편적 구원의 방향으로 기울어 가는 개신교 신학, 208. 아포카타스타시스 (*Apokatastasis*) 대 보편적 구원, 60, 257. 오리겐(Origen), 8-9. 죽음의 순간에 하는 결정, 301-302. 마태 25, 344-345.

Denzinger-Schonmetzer, *Enchiridion Symbolorum, Definitionum et Declarationum* (Freiburg i. B.: Herder, 1963). 가능성으로서의 지옥, 문서들 #72, 76, 801, 858, 1306. 오리겐에 대한 정죄, #411. 죽음의 순간에 하는 마지막 결정, #858과 1002.

Meister Eckhart, trans. by Matthew Fox, *Meditations with Meister Eckhart* (Santa Fe: Bear & Co., 1983), 28.

Erik Erikson, *Identity: Youth and Crisis* (New York: W. W. Norton, 1968). 아이들의 놀이에 관한 연구들, 268-271. 성이 우리의 하나님 인식에 어떻게 영향을 미치는가, 293-294.

Charles H. Giblin, "Structural and Theological Considerations on Luke 15," *Catholic Biblical Quarterly*, Vol. 24(1962), 16.

Carol Gilligan, *In a Different Voice* (Cambridge, MA: Harvard University Press, 1982).

Andrew Greeley, *The Religious Imagination* (New York: William Sadlier, 1981), 23-29과 209-213.

John Heaney, S.J., *The Sacred and the Psychic* (Ramsey, NJ: Paulist, 1984). 임사체험 경험들, 129-148.

Gerard Hughes, S. J., *God of Surprises* (London: Darton Longman & Todd Ltd, 1985). 참 좋은 연로한 좋은 삼촌 조지, 34.

Walter Imbiorski, quoted in Dick Westley, *Redemptive Intimacy: A New Perspective for the Journey to Adult Faith* (P.O. Box 180, Mystic, CT 06355, 1-800-321-0411: Twenty-Third Publications, 1981), 111-112.

Joachim Jeremias, *The Proclamation of Jesus* (New York: Charles Scribner's Sons, 1972), 116-117.

The New Jerusalem Bible (Garden City: Doubleday, 1985). 지옥에 내려간 예수, 벧전 3:19에 대한 각주 h. 타락한 천사들, 창세기 6장에 대한 각주 a.

Robert Jewett, *Jesus Against the Rapture* (Philadelphia: Westminster Press, 1979), 51-65.

John Paul I, 1978년 9월 10일 연설. 연설의 전 문장은 "평화를 위해 기도하기"(praying for peace)라는 제목으로 다음의 책에 들어 있음. Matthew O'Connell (ed.), *The Pope Speaks* (Huntington, IN: Sunday Visitor), 23:4, 314.

John Paul II, encyclical "Rich in Mercy," note #52.

Elisabeth Kübler-Ross, 다음의 책에 인용됨. Plowboy, "The Plowboy Interview: Elisabeth Kübler-Ross on Living, Dying…and Beyond," *The Mother Earth News*, May-June, 1983.

Hans Küng, *Eternal Life?* translated by Edward Quinn (Garden City: Doubleday, 1984). 죽음의 순간에 내린 결정, 137. 다음에서 인용함. Thomas & Gertrude Sartory, 132.

George Maloney, *The Everlasting Now* (Notre Dame: Ave Maria, 1980), 111.

Richard McBrien, *Catholicism* (Study Edition) (Minneapolis: Winston, 1981), 1152.

Alice Miller, *Banished Knowledge* (New York: Doubleday, 1990), 33& 35.

Raymond Moody, *Life After Life* (Covington, GA: Mockingbird, 1975).

Raymond Moody, *Reflection on Life After Life* (New York: Bantam, 1977).

NCR (October 9, 1992), 5.

James Nelson, "Male Sexuality and Masculine Spirituality," in *SIECUS Report*, 13:4 (March, 1985), 1-4.

David Nygren and Miriam Ukeritis, study reported in the *Minneapolis Star Tribune* (October 10, 1992), 10E.

Daniel J. O' Hanlon, S.J., "Integration of Christian Practices: A Western Christian Looks East," *Studies in the Spirituality of Jesuits* (May, 1984), 10-11.

Karl Rahner, "The Hermeneutics of Eschatalogical Assertions," in *Theological Investigations*, Vol. IV (Baltimore: Helicon, 1966). 교리를 재정립할 필요성에 관하여.

Karl Rahner, S.J., (ed.), *Sacramentum Mundi: An Encyclopedia of Theology*, Vol. I (New York: Herder & Herder, 1968), "아포카타스타시스," 지옥에 가는 사람이 있는 지에 관하여. "지옥," 지옥에 관한 은유들 (또한 다음을 보라 "게힌놈"[*Gehinnom*], in *The Universal Jewish Encyclopedia*, Vol. 4]New York: Ktav, 1969], 520-521; J. L. McKenzie, *Dictionary of the Bible* [Milwaukee: Bruce, 1965), 300, 801; Dalton, 17-73].

Rosemary Radford Reuther, "Envisioning Our Hopes: Some Models of the Future," in Kalven & Buckley (eds.), *Women's Spirit Bonding* (New York: Pilgrim Press, 1984), 335.

Kenneth Ring, *Life at Death: A Scientific Investigation of Near-Death Experience* (New York: Coward, McCann & Geoghegan, 1980).

John A. T. Robinson, *In the End God* (New York: Harper & Row, 1968). 죽음 이후에 주어지는 기회, 44. 몸의 부활, 100. 지옥으로 통하는 길, 133.

Carl Rogers, *On Becoming a Person* (Boston: Houghton Mifflin, 1961), 104-105.

Richard Rohr, "Biblical Roots of Mercy." 1988년 9월, 기독교 심리치료사 협의회에서 행한 강연.

John Sachs, "Universal Salvation and the Problem of Hell," *Theological Studies*, 52 (1991), 227-254. 보편적 구원에 관한 작금의 천주교의 견해에 대한 개요. 현재 가톨릭 신학자들 사이의 공감대, 242. 라너와 자유의지, 247. 다음에서 인용함. Hans-Jürgen Verweyen, 254.

Peggy Reeves Sanday, "The Socio-Cultural Context of Rape: A Cross-Cultural Study," *The Journal of Social Issues*, 37:4 (1981).

Thomas & Gertrude Sartory, *In der Hölle brennt kein Feuer* (Munich, 1968), 88-89. Translated and quoted in Küng.

Sandra Schneiders, Women and the Word (Mahwah, NJ: Paulist Press, 1986). 삼위일체, 2-3. 아버지의 사업을 이어받은 예수, 42-44.

Piet Schoonenberg, S.J., "I Believe in Eternal Life," *Concilium, Dogma, the Problem of Eschatology* (New York: Herder & Herder, 1969), 110.

Paul Smith, "Lecture Notes on the Christian Doctrine of Ultimate Reconciliation," Kansas City, MO (January, 1989), 32.

Dr. Robert Stuckey, M.D., "You Gotta Have Hope," *New Catholic World*, Vol. 232, No 1390 (July/August, 1989). 개입들, 160-161. 하나님의 이미지, 161-162.

Paul Tillich, "The Last Dimension," in George Brantl (ed.), *The Religious Experience* (New York: Braziller, 1964), 590.

Paul Tournier, *Guilt and Grace* (San Francisco: Harper & Row, 1983), 189-197.

Hans Urs von Balthasar, translated excerpt from "Abstieg zur Hölle," quoted in *The Von Balthasar Reader*, Medard Kehl & Werner Loser (eds.) (New York: Crossroad, 1982). 지옥으로 내려간 예수, 153.

Hans Urs von Balthasar, quoted in John Sachs, "Universal Salvation and the Problem of Hell," *Theological Studies*, 52 (1991). 지옥으로 내려간 예수, 244.

Kallistos Ware, "'One Body in Christ': Death and the Communion of Saints," *Sobornost*, 3:2 (1981), 184.

Dick Westley, *Redemptive Intimacy* (Mystic, CT: Twenty-Third Publications, 1981). 왜 안젤름 학파의 구원신학이 주요한 신약학자들 삼분의 일만의 지지를 받고 있는 지에 관하여는 112쪽 이하를 보라.

Elie Wiesel, *Night* (Bantam: New York, 1982), 61ff.

(Re: William Wilson), *As Bill Sees It* (New York: Alcoholics Anonymous World Services, 1967). 오직 사랑만이 치유할 수 있다, 98.

(Re: William Wilson), *'Pass It On'* (New York: Alcoholics Anonymous World Services, 1984). 빌 윌슨의 첫 번째 음주, 56. 빌의 회심 경험, 121.

William Wilson, *Twelve Steps and Twelve Traditions* (New York: Alcoholics Anonymous World Services, 1953). 소속감의 하나님, 105.

Pierre Wolf, *May I Hate God?* (Mahwah, NJ: Paulist Press, 1979).

보다 더 성숙하기 위한 자료들

Belonging: Bonds of Healing & Recovery, by Dennis Linn, Sheila Fabricant Linn & Matthew Linn (Mahwah, NJ: Paulist Press, 1993). 어떠한 형태의 강박증이든 그로부터의 회복을 위한 12단계 프로그램은 영성과 현대 심리학의 통합을 반영하고 있다. 중독은 우리 자신과 타인, 하나님, 그리고 우주에 소속하고자 하는 우리들의 최선의 시도로 간주된다. 이 책은 독자로 하여금 모든 중독의 밑바탕에 자리 잡고 있는 본질을 발견하도록 돕는다. 9장에서 다루고 있는 11단계는 본서에서 다룬 하나님의 이미지를 치유하는 것에 관한 몇 가지 자료들을 채택하고 있다. 하나님의 이미지를 치유하는 것은 중독으로부터의 회복에도 적용된다.

Healing the Eight Stages of Life, by Matthew Linn, Sheila Fabricant & Dennis Linn (Mahwah, NJ: Paulist Press, 1988). 에릭 에릭슨의 발달단계에 근거하여, 이 책은 태아에서부터 노년에 이르기까지의 생애의 각 단계에서 받은 상처를 치유하고, 각 단계에 적합한 재능을 개발하는 것을 돕는다. 각 단계에서 형성되고 변형된 우리의 하나님 이미지를 치유하는 방법을 포함하고 있다.

Healing of Memories, by Dennis & Matthew Linn (Mahwah, NJ: Paulist Press, 1974). 우리 자신과 타인을 용서하도록 돕기 위해 예수님을 우리의 고통스러운 기억 한 가운데로 초대하는 것에 관한 간결한 안내서.

Healing Life's Hurts, by Dennis & Matthew Linn (Mahwah, NJ: Paulist Press, 1978). 독자로 하여금 용서의 다섯 단계를 사용하여 상처를 극복하도록 도와주는 보다 더 자세한 책

Healing the Greatest Hurt, by Matthew & Dennis Linn and Sheila Fabricant (Mahwah, NJ: Paulist Press, 1985). 성인들과의 교감을 통해 세상을 떠난 사랑하는 사람들과 사랑을 주고받는 것을 배움으로써, 사랑하는 사람을 잃은 대부분의 사람들이 경험하는 가장 깊은 상처를 치유하는 것. 5장과 부록 A는 사후와 지옥의 문제에 대한 자료를 포함하고 있다.

위의 책들과 저자들의 다른 책들은 Paulist Press(997 Macarthur Blvd., Mahwah, NJ 07430, [201[825-7300)에서 이용할 수 있다.

테이프와 프로그램들 (개인, 혹은 친구나 그룹에서 사용할 수 있다)

Good Goats: Healing Our Image of God, by Dennis Linn, Sheila Fabricant Linn & Matthew Linn (Mahwah, NJ: Paulist Press, 1994). 이 책과 함께 사용할 수 있는 비디오테이프.

Healing Our Image of God, by Dennis Linn, Sheila Fabricant & Matthew Linn (St. Louis: Christian Video Library, 1985). 이 책과 함께 사용할 수 있는 두 개의 오디오 테이프.

Belonging: Healing & 12 Step Recovery, by Dennis, Sheila & Matthew Linn (Audio Version / Kansas City, MO: Credence Cassettes, 1992). 회복 프로그램을 위해 책과 함께 사용할 수 있는 오디오나 비디오테이프 그리고 프로그램 안내서.

Healing the Eight Stages of Life, by Matthew Linn, Sheila Fabricant & Dennis Linn (Mahwah, NJ: Paulist Press, 1991). 삶의 주기를 치유하는 프로그램을 위해 책과 함께 사용할 수 있는 테이프들과 프로그램 안내서. 비디오테이프도 있으며, 오디오는 압축되었거나 확장된 형태의 두 가지 종류가 있음.

Prayer Course for Healing Life's Hurts, by Matthew & Dennis Linn and Sheila Fabricant (Mahwah, NJ: Paulist Press, 1983). 육체적, 정신적, 영적, 그리고 사회적 차원들을 통합한 개인적 치유를 위한 기도의 방식들. 책은 프로그램 안내서를 포함하고 있으며, 비디오와 오디오테이프들도 있음.

Praying with Another for Healing, by Dennis & Matthew Linn and Sheila Fabricant (Mahwah, NJ: Paulist Press, 1984). 성폭력, 우울증, 사랑하는 사람의 상실 등과 같은 상처들을 치유하기 위해 저자와 함께 기도하는 안내서. 책은 프로그램 안내서를 포함하고 있으며, 비디오와 오디오테이프들이 있음. Healing the Greatest Hurt는 슬픔의 치유에 초점을 맞춘 이 프로그램의 마지막 다섯 번의 과정들을 위한 보충적인 자료로 읽을 수 있다.

Dying to Live: Healing through Jesus' Seven Last Words, by Bill & Jean Carr and Dennis & Matthew Linn (Mahwah, NJ: Paulist Press, 1983). 어떻게 예수의 가상 칠언이 우리의 여생이 더욱 충실한 삶이 되도록 우리에게 힘을 부여하는가에 관하여. 비디오와 오디오테이프들은 책 *Healing the*

Dying, by Mary Jane, Dennis & Matthew Linn (Mahwah, NJ: Paulist Press, 1979)과 함께 사용될 수 있다.

이 모든 프로그램들(*Belonging*과 *Healing Our Image of God*을 제외한)의 오디오 테이프들은 Paulist Press, 997 Macarthur Blvd., Mahwah, NJ 07430, (201)825-7300에서 구입 가능하다. *Belonging* 오디오 테이프들은 Credence Cassettes, 115 E. Armour Blvd., Kansas City, MO 64111, (800) 444-8910에서 구입할 수 있다. *Healing Our Image of God* 오디오 테이프들은 Christian Video Library, 3914-A Michigan Ave., St. Louis, MO 63118, (314) 865-0729에서 구입할 수 있다.

이 모든 프로그램들(Belonging을 제외한)을 위한 비디오테이프들은 Paulist Press에서 구입할 수 있을 것이다. Belonging 비디오테이프들은 위의 주소에 있는 Credence Cassettes에서 이용할 수 있다.

기부금을 토대로 한 비디오테이프들

위의 비디오테이프들을 대여하기 위해서는, 위의 주소에 있는 Christian Video Library에 연락하면 된다.

스페인어 책과 테이프들

위의 책과 테이프들 중 일부는 스페인어로 이용이 가능하다. 정보를 얻기 위해서는 Christian Video Library에 연락하면 된다.

피정과 컨퍼런스들

이 책에 있는 자료들과 다른 주제들에 대해 저자들이 인도하는 피정과 컨퍼런스들에 관해서는, Dennis, Sheila & Matthew Linn, c/o Re-Member Ministries, 3914-A Michigan Ave., St. Louis, MO 63118, (314) 865-0729로 연락하면 된다.

저자 소개

데니스, 쉴라, 매튜는 팀으로 함께 일한다. 그들은 육체적, 정서적, 그리고 영적인 영역을 통합하는 통전적 관점을 지니며, 병원 원목과 심리 치료사로 일했으며, 현재는 피정과 영성 지도를 인도하고 있다. 그들은 미국 의학 협회(American Medical Association)에 의해 인가된 의사들을 대상으로 한 강연을 포함하여, 30개국이 넘는 나라들과 많은 대학들에서 치유에 관한 강의들을 해왔다. 매튜와 데니스는 12권의 책의 저자들이며, 마지막 7권의 책은 쉴라와 공저를 했다. 그들의 책들은 다음과 같다. *Healing of Memories, Healing Life's Hurts, Healing the Dying* (Mary Jane Linn수녀와 함께), *To Heal As Jesus Healed* (Barbara Shlemon과 함께), *Prayer Course for Healing Life's Hurts, Praying with Another for Healing, Healing the Greatest Hurt, Healing the Eight Stages of Life, Belonging: Bonds of Healing & Recovery, Good Goats: Healing Our Image of God, Healing Spiritual Abuse and Religious Addiction*. 이 책들은 영어로 백만 부가 넘게 팔렸으며, 15개 국어로 번역되었다.

삽화가 소개

프란시스코 미란다(Francisco Miranda)는 멕시코시티에서 산다. 그는 아동들을 위한 책들을 쓰고 삽화를 그렸다.

역자 소개: 최승기

서울 대학교 B. S.

장로회 신학 대학원 M. Div

프린스턴 신학대학원 Th. M

리지스 신학교, 토론토 대학 Diploma in Spiritua; Direction

낙스 신학교, 토론토 대학 Th. D

호남 신학 대학교 기독교 영성학 교수

국제 영성 지도자 협회(Spiritual Directors International) 회원

영성 지도자(Spiritual Director), 감독 (Supervisor)